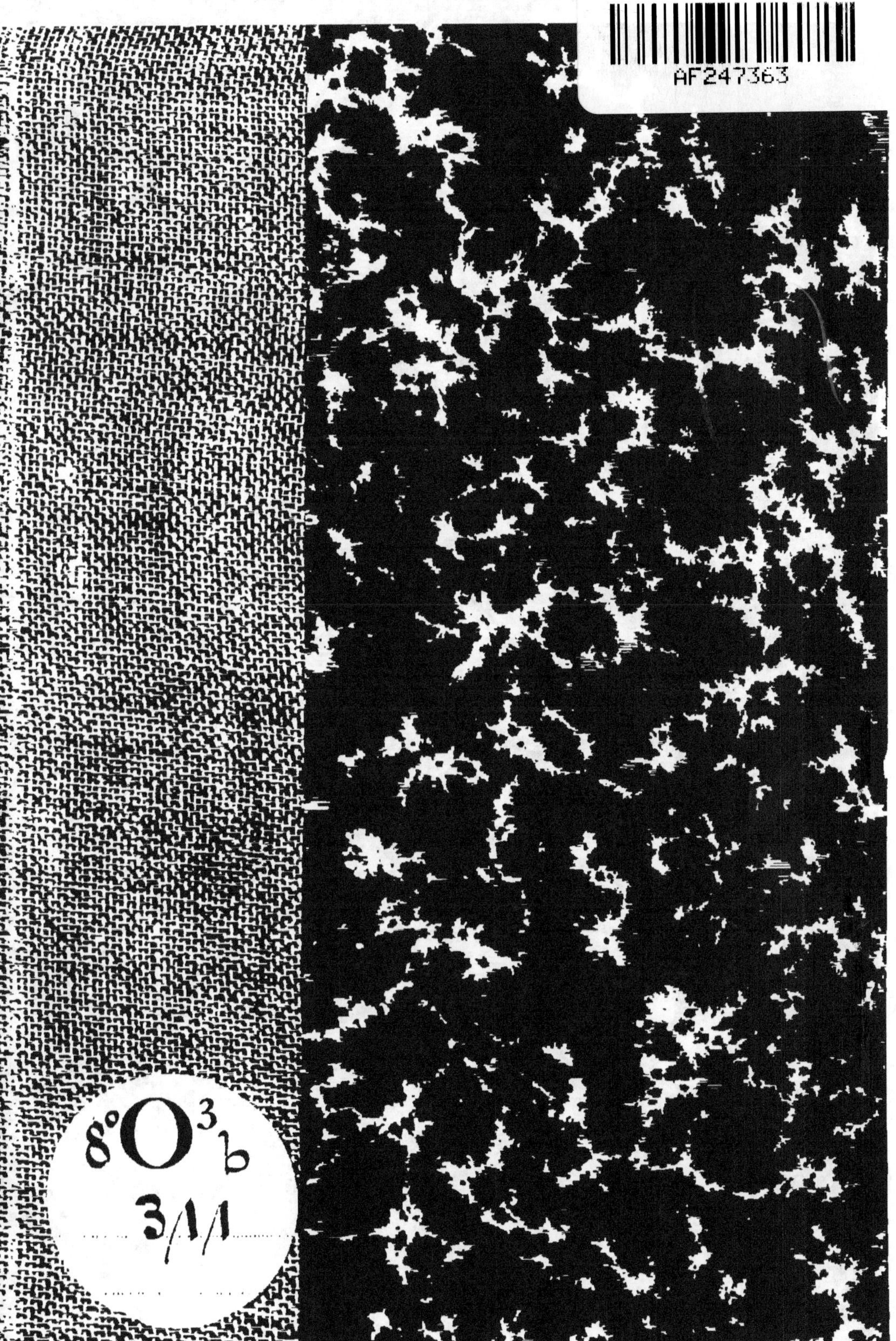

AF247363
8° O³ b
3/1/1

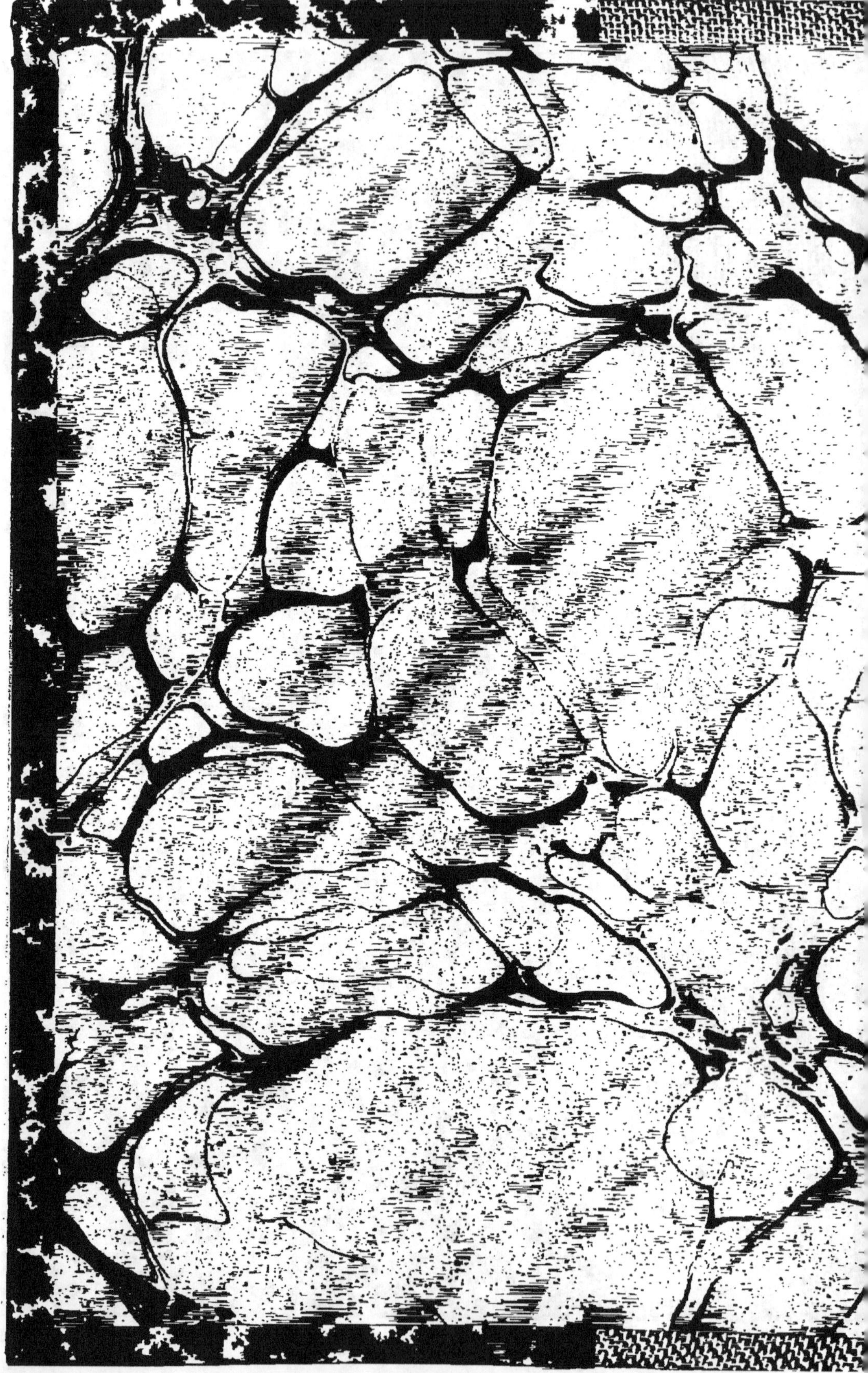

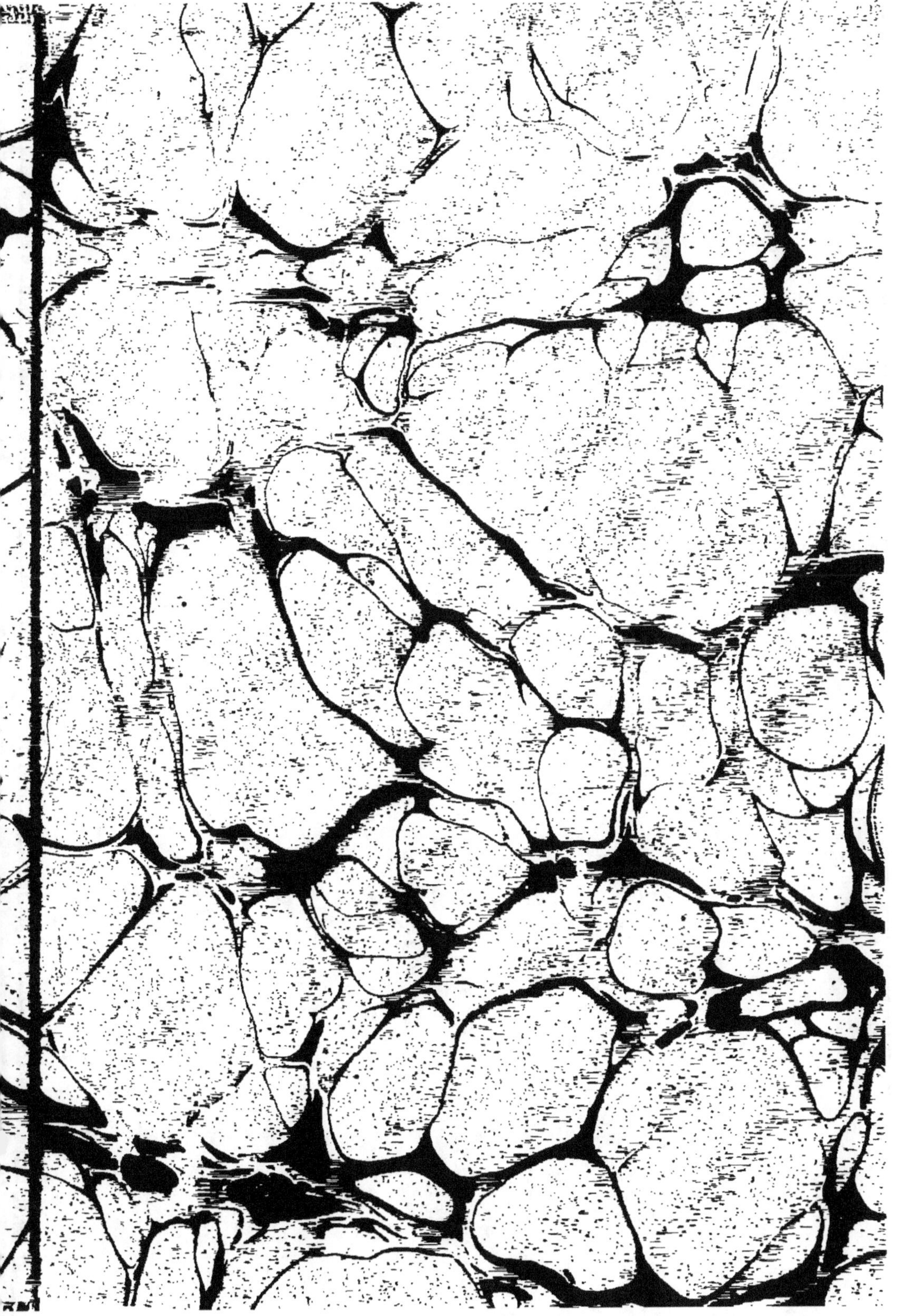

ITINÉRAIRE

POUR

L'ISTHME DE SUEZ

ET LES

GRANDES VILLES D'ÉGYPTE

ITINÉRAIRE

POUR

L'ISTHME DE SUEZ

ET LES

GRANDES VILLES D'ÉGYPTE

NAVIGATION, CHEMINS DE FER
HÔTELS, MONUMENTS ET LIEUX CÉLÈBRES, CALENDRIER
POIDS ET MESURES
VOCABULAIRE FRANÇAIS-ÉGYPTIEN, ETC.

Avec une Carte

PAR

MM. H. BERNARD & E. TISSOT

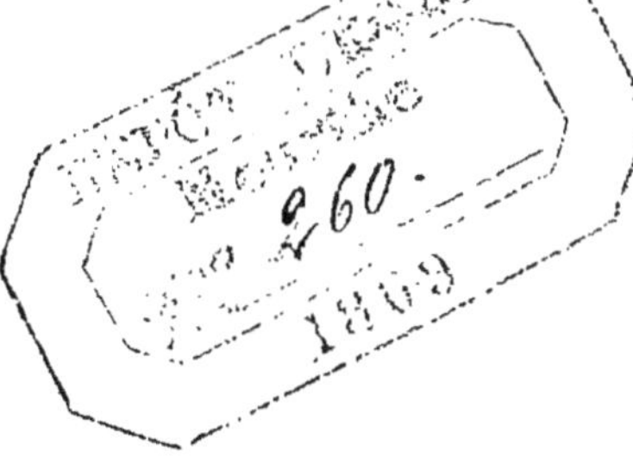

PARIS

MAISONNEUVE ET Cⁱᵉ, LIBRAIRES-ÉDITEURS

15, QUAI VOLTAIRE, 15

1869

[illegible]

[illegible]

[illegible]

Ⓒ

[illegible]

[illegible]

AVERTISSEMENT DES ÉDITEURS

Le présent Recueil est particulièrement destiné aux voyageurs qui désirent profiter de la cérémonie d'inauguration du Canal de Suez pour visiter la vallée du Nil. C'est dire qu'ils y trouveront, outre les notions historiques et descriptives de nature à les intéresser, toutes les indications propres à faciliter leurs déplacements à travers le pays, leur installation, leur séjour dans les villes, et leurs relations avec les habitants.

Pour donner à ce travail son véritable caractère, pour en faire un guide fidèle et sûr, une sorte de manuel que l'on puisse à toute heure consulter utilement, nous nous sommes adressés à deux hommes spéciaux, habitant l'Egypte de longue date et la connaissant à fond. L'un, ingénieur, attaché aux travaux de l'isthme d'abord et ensuite au service du gouvernement égyptien, possédait mieux que personne les renseignements techniques et précis qui nous étaient nécessaires ; — l'autre, littérateur, déjà connu par plusieurs ouvrages sur l'Egypte et par un vocabulaire français-arabe que nous reproduisons ici, nous offrait une coopération non moins précieuse pour la mise en œuvre des autres matériaux.

Leurs patientes et fructueuses recherches, sur les divers sujets traités dans cet Ouvrage, en font un Recueil entièrement neuf, également ment indispensable aux voyageurs désireux de connaître l'Egypte, et à ceux qui auraient seulement en vue la tournée du canal de Suez.

ÉGYPTE

Encore quelques jours et l'Europe comme le Nouveau Monde auront les yeux tournés vers cette antique terre des Pharaons, prédestinée, par sa situation géographique, à être le théâtre des plus grands événements de ce siècle, comme elle fut jadis le témoin muet des grands faits historiques dont ses anciens monuments nous révèlent aujourd'hui la filiation, grâce aux travaux des égyptologues parvenus à déchiffrer les signes de son mystérieux langage.

Dans quelques jours la mer Rouge aura rejoint la mer Méditerranée ! Il a suffi pour cela de l'énergique volonté d'un homme dont le nom est universellement connu dans les deux hémisphères, secondé qu'il était dans sa titanesque entreprise, par le Prince éclairé qui gouverne l'Egypte, et par une poignée d'hommes d'élite dont l'histoire redira les noms.

L'ouverture du canal de Suez, que les marins et les géographes appelleront *canal de Lesseps* est fixée au 17 novembre 1869.

Les habitants de l'Occident et de l'extrême Orient aspirant à se voir et à se connaître voudront assister à cette grande fête du genre humain, qui doit marquer une ère de paix, de liberté et de fraternité pour tous les peuples.

Là, se trouveront représentées toutes les opinions, toutes les croyances, toutes les professions : magistrats, officiers, diplomates, ingénieurs, médecins, manufacturiers, commerçants, et aussi le modeste travailleur, puisque cette œuvre gigantesque a toujours eu le don de passionner les classes ouvrières.

La presse Européenne et Américaine y sera nombreusement représentée; espérons-le du moins. Il n'en saurait être autrement pour une entreprise au succès de laquelle elle a tant contribué par son appui. C'est la presse, véritable clairon ne devant plus sonner la charge que pour la marche du progrès, qui pourra redire au monde émerveillé ce qu'ont dû dépenser de bonne volonté, d'énergique constance, pour vaincre les obstacles qu'ils rencontraient sur leur chemin, ces premiers pionniers arrivés en 1859 à l'Isthme de Suez et qui n'eurent, pendant bien longtemps, pour tout abri, que la voûte étoilée du firmament.

Le commerce du monde y aura ses délégués; ces

hommes expérimentés voudront examiner cette nouvelle route commerciale et étudier par eux-mêmes dans quelle mesure elle pourra profiter à leurs intérêts.

L'industrie voudra voir marcher ces puissantes machines appelées dragues-excavateurs, qui peuvent être considérées comme le dernier mot de la science et qui font le plus grand honneur à M. Alexandre Lavalley.

Le dessinateur trouvera dans ces villes nouvelles des populations curieuses à étudier, et des scènes à la fois pleines de grâce et de majesté qu'il voudra crayonner.

Le poëte verra dans la vallée du Nil une nature aux aspects variés et capables de l'inspirer.

Le romancier, pour peu qu'il veuille bien entrer en relations avec un ou deux de ces premiers pionniers de 1859, dont nous parlions plus haut, se fera narrer les épisodes d'amour et de haine, de fierté et de bassesse, de courage et de lâcheté dont n'était pas exempt le séjour des sables brûlants du désert de Suez, et qu'aucune plume humaine n'a encore racontés; ces récits lui donneront les éléments d'un livre nouveau qui sera lu à son retour en Europe par tous les voyageurs connaissant l'Orient, particulièrement l'Egypte, puisqu'elle intéresse toujours si vivement les personnes qui s'occupent de civilisation et de progrès.

———

1*

NAVIGATION

Depuis la découverte de la vapeur, appliquée comme moteur aux navires, l'Europe est en relations journalières avec l'Egypte qui n'est plus qu'à une distance de trois jours de l'Italie, de cinq jours du port de Trieste, et de six jours des ports du midi de la France. De plus, le télégraphe électrique sous-marin qui relie l'Egypte à l'Europe, échange, aussi régulièrement que faire se peut, les nouvelles intéressant le commerce ou la politique.

Tous les grands ports du littoral méditerranéen ont des services de bateaux à vapeur faisant le service des postes et des messageries entre l'Europe et l'Egypte; en sorte qu'on peut avancer, sans crainte d'être au-dessous de la vérité, qu'Alexandrie reçoit ou expédie, journellement, des navires de toutes les nationalités. Quelques-uns de ces services sont subventionnés par les gouvernements; les autres sont dus à l'initiative des Compagnies maritimes.

DE MARSEILLE EN ÉGYPTE

Compagnie Péninsulaire et Orientale.

Départ de Marseille pour Alexandrie tous les dimanches matins à 7 heures.

Les bateaux de cette Compagnie sont d'un fort tonnage, excellents marcheurs et d'une propreté qui tire son origine de leur nationalité même. Les officiers sont tous des gentlemen, une qualité précieuse chez des chefs appelés à commander des hommes rudes et quelquefois difficiles à gouverner. La cuisine est naturellement faite à l'anglaise; en fait de goûts et de couleurs on ne discute pas.

Les lettres qui partent de Marseille le dimanche, par les bateaux de cette Compagnie, arrivent régulièrement le vendredi soir à Alexandrie où elles sont immédiatement distribuées. On a juste le temps de les lire et d'y répondre par le même courrier, qui repart d'Alexandrie pour Marseille le samedi matin, à moins, cependant, que les malles de l'Inde ne soient en retard, ce qui se voit très-rarement.

Tous les bateaux de la Compagnie Péninsulaire-Orientale sont en correspondance avec ceux qui arrivent de l'Australie, de la Chine et de l'Inde à Suez.

Le prix des places est le même que celui des Messageries impériales.

Messageries impériales.

Les bateaux des Messageries impériales partent régulièrement de Marseille les 9, 19 et 29 de chaque mois pour Alexandrie, où ils arrivent les 5, 15 et 25, ayant touché à Messine où ils restent le temps nécessaire à leurs opérations commerciales.

Le paquebot qui arrive le 25 de chaque mois à Alexandrie est en correspondance avec celui qui fait le service sur Port-Saïd et tout le littoral de la Syrie, Smyrne et Constantinople.

Depuis le 20 février 1869, les Messageries impériales ont un quatrième départ de Marseille pour Alexandrie, en correspondance avec l'Inde, la Chine, le Japon, la Réunion et Maurice, toutes les quatre semaines le samedi à quatre heures du soir.

Le livret de cette administration rappelle aux voyageurs que pour profiter de ce départ, ils doivent quitter au plus tard :

Paris, le vendredi soir précédent;

Londres, le vendredi matin;

Rotterdam, le jeudi soir.

Le prix des places de Marseille à Alexandrie est fixé ainsi :

1re classe, passage et nourriture, 457 fr. ; — 2e classe, passage et nourriture, 294 fr. ; — 3e classe, passage, 174 fr.

Billets de retour et de famille. — Tout passager de Marseille à Alexandrie, qui acquitte d'avance le prix de son voyage, aller et retour, jouit d'une remise de 10 p. 0/0 sur la totalité du prix de passage, nourriture et débarquement non compris. Le billet est valable pour quatre mois.

L'Administration des Messageries impériales, par suite d'une convention passée avec l'Administration du chemin de fer de Paris-Lyon-Méditerranée, délivre des billets de Paris à Alexandrie, avec faculté aux voyageurs de séjourner huit jours soit à Lyon soit à Marseille, au prix de :

1re classe, Paris à Alexandrie (chemin de fer compris), 517 fr. 50 ; — 2e classe, Paris à Alexandrie (chemin de fer compris), 333 fr. 60.

Les bateaux à vapeur de la Compagnie des Messageries impériales, affectés au service de la ligne d'Egypte se sont acquis une véritable réputation comme marcheurs. D'une forme aussi gracieuse que solide, d'une élégance intérieure de bon goût, d'un aménagement commode, aussi bien pour les besoins du service que pour le confort des passagers, on peut avancer que ces pyroscaphes ne laissent rien à désirer, et que, grâce aux ingénieuses combinaisons, aux continuelles recherches et à la prévoyance des savants ingénieurs des constructions navales que cette grande et riche Compagnie emploie dans ses belles usines de la Ciotat, une traversée de Marseille en Egypte, autrefois pénible et longue, est considérée, aujourd'hui, comme une vraie partie de plaisir.

Compagnie Fraissinet.

Un deuxième service de bateaux à vapeur français, se fait régulièrement entre Marseille et l'Egypte, quatre fois par mois. Nous voulons parler de la *Compagnie marseillaise de navigation à vapeur Marc Fraissinet père et fils*, qui, sans subvention du gouvernement français, fait à l'occasion le service des postes et trouve le moyen de donner des dividendes à ses actionnaires, tout en rendant d'immenses services au commerce du littoral méditerranéen.

Les départs ont lieu comme suit :

De Marseille tous les jeudis de chaque semaine, à huit heures du matin.

D'Alexandrie tous les jeudis de chaque semaine, à huit heures du matin.

Prix des places de Marseille à Alexandrie :

1re classe, 300 fr.; — 2e classe, 250 fr.; — 3e classe, 70 fr.

De Marseille à Port-Saïd :

1re classe, 350 fr.; — 2e classe, 250 fr.; — 3e classe, 90 fr.

Comme on le voit, le prix des places est inférieur à celui des autres Compagnies, et il doit nécessairement donner à réfléchir aux voyageurs économes.

Les bateaux à vapeur de la Compagnie Fraissinet, affectés au service de la ligne d'Egypte sont de construction anglaise et ne laissent rien à désirer sous le rapport de la marche, du confortable et de la nourriture. Là, on est plus en famille que sur les bâteaux des Messageries ou de la Péninsulaire; le capitaine s'occupe avec sollicitude du bien-être des passagers, le docteur du bord prend soin des dames, le matelot qui n'est pas de service joue avec les enfants, quand il voit que les parents des bébés souffrent du mal de mer, toutes choses à apprécier dans une traversée.

Trois jours après le départ de Marseille, on arrive à l'île de Malte où le bateau reste 7 ou 8 heures, juste le temps qu'il faut pour permettre aux voyageurs de visiter la belle église de Saint-Jean-des-Chevaliers, où se trouvent enterrés les Grands-Maîtres Villiers de l'Isle-Adam et de La

Valette; l'église protestante anglaise, le palais des Grands-Maîtres sur la place San-Giorgio, surmonté d'une tour très-élevée qui fut jadis l'observatoire du Grand-Maître de Rohan-Poldrec et qui sert maintenant à signaler les navires au large.

Le *Musée des armures* est contenu dans le palais des Grands-Maîtres; y remarquer les armes enlevées au fameux corsaire Dragut, l'émule de Barberousse, et l'armure incrustée d'or du Grand-Maître Adolphe de Wignacourt.

Dans un bâtiment attenant au palais se trouvent la *Bibliothèque publique* et le *Musée* qu'il est facile de visiter moyennant un pourboire aux gardiens.

Si le bateau a beaucoup de marchandises à débarquer et à embarquer, le voyageur fera bien de prendre une de ces petites voitures à deux roues attelées d'un cheval arabe, qu'on rencontre à chaque pas dans la ville, pour franchir les 10 kilom. qui séparent le port de la Valette, de Città-Vecchia, l'ancienne capitale de l'île, bâtie sur une hauteur d'où la vue embrasse toute l'île. Città-Vecchia possède de beaux édifices, entre autres un palais des Grands-Maîtres, un séminaire, le palais épiscopal, la cathédrale, édifice assez moderne de style corinthien.

Au retour à la Valette, ne pas oublier de visiter les orfévres qui font le coin de la place du Gouvernement.

A Malte comme à Gênes, on travaille admirablement l'argent en filigrane, le corail y est commun et d'une bonne qualité; les effets en toile de coton y sont à des prix de bon marché extraordinaires.

D'ITALIE EN ÉGYPTE

La *Société Adriatico-Orientale* est chargée depuis plusieurs années du service postal entre l'Italie et l'Egypte.

Pour se rendre d'Europe en Egypte, la voie la plus directe, la plus agréable et qui nécessite la traversée de mer la plus courte, est la ligne de *Brindisi* à *Alexandrie*, desservie par les bateaux à vapeur de première classe :

Cairo-Brindisi-Principe Carignano-Principe Tomaso — appartenant à cette Société, appelée par le percement de l'Isthme de Suez à une grande fortune maritime par suite de la position géographique du port de Brindisi.

Ces bateaux, d'une vitesse supérieure, ont été construits spécialement pour ce service en Angleterre. Ils sont munis des installations les plus confortables et le service de table y est de premier ordre.

La durée de la traversée de Brindisi à Alexandrie n'est que de *74 heures.*

Des trains directs quotidiens conduisent les voyageurs

de Paris par le mont Cenis, à Turin, Florence, Rome, Naples et Brindisi.

Prix des places de Brindisi à Alexandrie :

1re classe, 275 fr.; — 2e classe, 200 fr.; — 3e classe, 90 fr.

De Paris à Brindisi et à Alexandrie (1) :

1re classe, 409 fr. 85 c.; — 2e classe, 310 fr.; — 3e 189 fr. 80 c.

DE TRIESTE EN ÉGYPTE

Paquebots du Lloyd Autrichien.

Services de la Compagnie sur la ligne directe de Trieste à Alexandrie, en coïncidence avec les steamers de la Compagnie Péninsulaire et Orientale de Suez, venant des ports de l'Océan Indien.

Les steamers de la Compagnie du Lloyd Autrichien partent de Trieste pour Alexandrie une fois par semaine, le samedi à minuit et arrivent à leur destination

---

(1) Dans ces derniers prix ne figure pas la nourriture dans les gares de chemins de fer.

après cinq jours environ, y compris les quelques heures de séjour à l'escale de Corfou.

Le retour a lieu immédiatement après l'arrivée de la malle des Indes, échéant le dimanche. En cas de retard le départ du bateau est différé.

Prix des places de Trieste à Alexandrie :

1re classe, 375 fr.; — 2e classe, 250 fr.; — 3e classe, 150 fr.

La place se paie d'avance, en livres sterling ou leur équivalent en d'autres monnaies, aux taux affichés dans les bureaux de la Compagnie.

La Compagnie du Lloyd délivre des billets de retour aux passagers de cabine, avec une réduction de 20 p. 0/0 sur le prix de la traversée. Ces billets ne peuvent être cédés et sont valables de 14 jours à 4 mois selon la distance de 50 à 1000 milles et au-delà.

Les familles comptant au moins trois membres, jouissent d'une diminution de 30 p. 0/0 lorsqu'elles paient pour aller et retour.

Les bateaux à vapeur employés par la Compagnie du Lloyd Autrichien pour le trajet de Trieste à Alexandrie sont d'un fort tonnage et d'une force vapeur de 400 chevaux. Construits pour avoir une marche supérieure, ils offrent aux voyageurs toutes les conditions de bien-être qu'on peut désirer dans une traversée. Il y a à bord de chaque bâtiment un chirurgien, ainsi qu'une femme de chambre pour le service des dames.

Recommandations au sujet des bagages et de la douane d'Alexandrie.

A l'arrivée à Alexandrie de tous les paquebots, aussitôt que la Santé a permis le débarquement, une nuée d'Arabes nuancés comme les couleurs de l'arc-en-ciel, se précipitent sur le pont du navire comme s'ils voulaient enlever de vive force les bagages des voyageurs. Au milieu de cette cohue on distinguera les drogmans des hôtels, les uns vêtus à l'européenne, les autres en costume d'effendi Syrien, avec une énorme chaîne de montre en or sur la poitrine, se donnant le luxe d'une chaussure quelconque et de la paire de chaussettes blanches traditionnelle, obligatoire à tout membre de cette honnête corporation. Le voyageur en possession d'un de ces polyglottes devra se livrer à lui quand il saura le nom de l'hôtel où il désire descendre.

Les bagages reconnus, le drogman doit amener un chef d'embarcation avec qui on traitera pour le débarquement, après lui avoir fait préalablement compter le nombre de colis à descendre dans la chaloupe qui vous conduira à la douane.

On paie en général 1 fr. par personne et 0,25 cent. par colis, l'un dans l'autre.

Pour les formalités de la douane il est bon d'avoir avec soi le drogman de l'hôtel qui se chargera d'ouvrir et de refermer vos malles lui-même; avec un léger pourboire, il empêchera qu'on bouleverse votre linge et vos effets dans la visite réglementaire.

En dehors des bâtiments de la douane d'Alexandrie on trouvera des voitures et les omnibus qui transportent les voyageurs et leurs bagages à la porte de l'hôtel désigné au drogman.

RENSEIGNEMENTS

EMPLOI DE LA JOURNÉE

D'UN ÉTRANGER

A ALEXANDRIE

Le voyageur qui débarque sur le quai d'Alexandrie d'Egypte, fatigué quelquefois par une longue traversée, éprouve le besoin d'aller se reposer dans un hôtel confortable et bien situé.

Les voyageurs descendus dans un hôtel doivent y donner leur nom pour que le maître de l'établissement puisse les inscrire sur un livre créé à cet effet, qui est visé par la police locale. Il est donc toujours bon qu'un étranger ait sur lui quelque papier pouvant faire reconnaître d'une manière positive son identité ; ceux qui viennent en Egypte pour nouer des affaires commerciales feront bien d'acheter un *Guide d'Egypte* contenant les noms des principaux négociants avec leurs adresses, et un petit *plan d'Alexandrie,* deux objets d'une grande utilité pour qui veut bien voir et bien connaître.

Alexandrie, la capitale maritime de l'Egypte, possède des hôtels pour tous les goûts et pour toutes les bourses, véritables caravansérails abritant des individus de toutes les nationalités, sans distinction de religion et affublés de leurs costumes respectifs, ce qui contribue, dans une certaine mesure, à lui donner un petit air de carnaval continuel qui n'est pas un des moindres attraits qu'y trouve tout d'abord le nouveau débarqué.

Comme il serait trop long de les citer tous par leurs noms, nous nous contenterons d'indiquer ceux qui sont pour ainsi dire à la mode et fréquentés, de préférence, par les touristes; les voici : *Hôtel d'Europe* — *Hôtel Abbat* — *Hôtel Péninsulaire et Oriental* — *Hôtel d'Angleterre.*

L'*Hôtel d'Europe* et l'*Hôtel Péninsulaire Oriental* sont, tous deux, situés sur la belle et longue place Méhémet-Ali, au centre des affaires et dans le quartier le plus européen de la ville.

Les voyageurs trouveront dans le premier de ces deux établissements des bains à l'européenne.

L'*Hôtel Abbat,* avec bains européens, situé sur le

square Ismaïl Iᵉʳ, à côté du bureau central des postes égyptiennes et non loin de l'église Latine qui mérite d'être visitée.

L'Hôtel d'Angleterre, bâti au bord de la mer, à côté du seul établissement hydrothérapique que possède Alexandrie.

Il est inutile d'ajouter que dans n'importe lequel de ces hôtels, la cuisine et les vins sont excellents et que le service ne laisse rien à désirer; des drogmans pour toutes les langues y sont à la disposition des voyageurs. Chacun de ces hôtels possède une salle de lecture entourée de moelleux et larges divans, où l'indolence orientale peut se livrer aux douceurs inappréciables du Kef.

Indépendamment des hôtels que nous venons de nommer, il en existe d'autres de second ordre, qui présentent l'avantage qu'on peut y prendre une chambre à la journée tout en ayant la faculté d'aller manger au restaurant. Parmi ceux-là nous citerons :

L'Hôtel de Trieste, sur le square Ibrahim.

L'Hôtel de Lucullus, rue des Saquies.

L'Hôtel des Voyageurs, rue des Saquies.

L'Hôtel Joye, qui fait le coin de la rue Mahmoudieh et de la rue des Saquies.

Maintenant que le voyageur est installé, qu'il a pris son bain, il trouvera bon de se laisser guider par nos conseils. Nous commencerons notre tournée en ville par une visite dans les magasins qui bordent la grande place Méhémet-Ali.

Et d'abord, êtes-vous bien sûr, cher monsieur, que l'eau de mer n'ait pas souillé vos effets?

Si oui, entrons chez M. E. Cordier où vous trouverez de quoi vous équiper à neuf. Tout ce que vous achèterez dans ce magasin est marqué au coin du bon goût.

Allez-vous visiter les antiquités de la Haute-Egypte? Entrez alors chez Santamaria ou chez Magrini, libraires parfaitement assortis, qui vous vendront tout le bagage littéraire qui convient à un touriste voulant s'occuper d'égyptologie.

Que votre dame se garde bien de passer devant la porte de la Ville de Lyon sans la franchir; elle constatera le bon marché des objets qu'on trouve dans ce magasin.

Ici, comme en Europe, les acheteurs font la renommée des maisons. Aussi toute personne qui veut suivre la mode à Alexandrie (et Dieu sait si on la suit), achètera sa lingerie chez Mme Custot; ses habits confectionnés chez M. Talazac; ses cigares, ses conserves et ses vins fins dans les grands magasins de Courtalon; il aura pour photographes Schier et Schoff, pour coiffeur Dovet et Barbaroux; Buisson est un spécialiste pour coiffures de dames; pour tailleur Mataran, Roncetti ou Gobert; pour modiste

Mme Nicolas dont les magasins devraient se nommer les *Mille et une nuits*; il fera prendre ses chapeaux chez M. Piffard, sa pâtisserie chez Mathieu, son eau de Vichy chez Hubidos, rue Chérif-Pacha, à côté des jolis magasins de MM. Stiévenard frères, visités par les familles qui, dans l'établissement de leurs enfants tiennent à faire figurer un trousseau et une corbeille irréprochables, sous le double rapport du goût et de l'élégance. Ne pas quitter ce quartier sans entrer au bureau de tabac de la Civette et sans faire sa provision de tabac de Constantinople chez les frères Caravopoulo; la première matinée aura été parfaitement employée.

DE MIDI A TROIS HEURES.

Voici le moment de déjeuner, il est donc opportun d'indiquer quelques restaurants en renom, où l'on trouvera, avec une bonne cuisine, une société choisie.

A Alexandrie, comme partout, il y a deux espèces de restaurants : les restaurants à prix fixe et les restaurants à la carte, c'est-à-dire ceux dont les prix varient avec le nombre et la qualité des consommations.

Les restaurants à prix fixe sont généralement les moins chers. C'est ainsi que dans les environs de la place Méhémet-Ali on trouve plusieurs restaurants où l'on déjeune

fort convenablement pour trois francs, et où l'on dîne de
de même pour quatre francs (vin compris).

Nous recommandons particulièrement le *Restaurant de
France*, le *Restaurant du Cercle* et celui de *Bernard dit
le marquis*.

On pourrait facilement diviser les cafés d'Alexandrie
en deux catégories : cafés d'été, cafés d'hiver.

Les cafés d'été sont ceux situés au bord de la mer, et,
pour ainsi dire, ouverts aux quatre vents comme le *Café
du Pélican* et le *Café d'Athènes*, où l'on entend quel-
fois de l'excellente musique et où se réunissent tous les
soirs les familles qui veulent respirer la brise de mer.

Les cafés d'hiver, plus au centre de la ville, le rendez-vous de la jeunesse du pays, des négociants et des
étrangers, ont des physionomies et des clientèles spéciales.

Les principaux sont :

Le *Café de la Bourse*, où se réunissent les grands négociants qui viennent apprendre ou donner des nouvelles
commerciales des marchés européens, entre une partie
de dominos et l'absorption d'une tasse de café *à la turque*.

Le *Café d'Europe*, rue Franque, fréquenté par les
gens d'affaires, courtiers, etc.

Le *Café de France*, place Méhémet-Ali, avec une
nombreuse clientèle de négociants, d'artistes et d'officiers
français revenant de Cochinchine.

Le *Café du Club Egyptien,* place Méhémet-Ali, où se donnent rendez-vous les joueurs de billard et les véritables amateurs du jeu d'échecs.

Le *Café d'Orient,* dans la rue Mahmoudieh, l'étape naturelle des amateurs de café-concert.

DE TROIS A SIX HEURES.

Visiter les magasins des joaillers en renom, de MM. Rocheman et de M. Mathauson où l'on pourra admirer de jolies parures syriennes et arabes; ceux de MM. Paschal et Cie, palais Zizinia : les articles de cette maison méritent d'être signalés à toutes les personnes élégantes qui ont souci d'une mise irréprochable.

Ne pas craindre d'entrer dans le joli magasin de Mme Marie Maroque; on y trouve ces mille et un accessoires charmants et distingués, obligatoires aux femmes et aux hommes du monde ; des meubles de prix d'un goût exquis, des gants d'une perfection achevée, des essences d'un goût incontesté, le tout exposé dans le plus séduisant étalage du monde.

Il ne nous reste plus le temps, aujourd'hui, de visiter les splendides magasins du *Bazar égyptien,* situés au milieu de la place Méhémet-Ali. Pourquoi ne pas l'avoir nommé *Bazar universel ?* puisque ce n'est ni plus ni moins qu'une exposition permanente d'objets provenant de tous les pays habités par l'espèce humaine ! Presque vis-à-vis, le voyageur s'arrêtera avec plaisir dans l'établissement de M. G. Gastou, qui mérite bien, par son assortiment de toutes espèces de marchandises, le titre de *Magasin universel*.

Voici l'heure de la promenade, l'heure à laquelle toute dame levantine dont le mari possède dans ses écuries le moindre cheval, monte en voiture et se fait conduire à la promenade en longeant les bords toujours verdoyants du canal Mahmoudieh, pour ne s'arrêter qu'au Jardin public, le rendez-vous des élégantes, charmant but de promenade dû à la munificence vice-royale.

LA SOIRÉE.

Théâtres et Cafés-Concerts.

Il n'y a peut-être pas de ville au monde où le goût de la musique soit plus développé qu'à Alexandrie. A peine la nuit projette-t-elle son ombre sur la ville, qu'on entend à chaque angle de rue les sons, quelquefois discordants, d'instruments de musique dont les propriétaires semblent sortir de dessous terre comme par enchantement ! On dirait que la société européenne d'Alexandrie, fatiguée des préoccupations commerciales de la journée, convie chaque soir, à la même heure, à une grande fête musicale, tout ce qui sait tenir un instrument, afin de faire diversion à sa monotone existence ! Là, c'est un violon flanqué d'une flûte ; ici un orgue de Barbarie ; plus loin une société de harpistes ; — il y en a pour tous les goûts.

Ajoutez à cela deux grands théâtres et les trois ou quatre cafés-concerts qui émaillent la cité, et vous reconnaîtrez qu'il existe peu de villes, même en Italie, où l'on fasse une plus grande consommation de doubles croches qu'à Alexandrie.

Le théâtre *Rossini*, actuellement appelé théâtre *Debbane*, du nom de son propriétaire, comte et consul général du Brésil, a été érigé, il y a sept ou huit ans, par une société de négociants italiens, amateurs de bonne musique, qui voulaient implanter en Egypte les goûts de leur mère-patrie. La salle est petite, simplement élégante et de bon goût ; on y joue le vaudeville français et l'opéra italien.

L'illustre Mme Ristori y a récolté une moisson de lauriers l'hiver de 1862-1863, dont les dilettantes d'Alexandrie conservent encore le souvenir.

Vient ensuite le théâtre *Zizinia*, qui porte aussi le

nom de son propriétaire, comte et consul général de Belgique, où il y a quelques mois se réunissait toute la société d'Alexandrie, sevrée de bonne musique pendant longtemps, pour applaudir, comme il le mérite, le magnifique talent de Mme Urban, une étoile ascendante, appelée à bien d'autres succès sur les grandes scènes de l'Europe. Construit en pierre et sur une plus grande place que le théâtre *Rossini*, — je veux dire *Debbane*, — il est appelé à avoir beaucoup de succès le prochain hiver, si toutefois le Caire ne conserve pas le monopole des faveurs royales, ce qu'on veut bien nous faire espérer.

Les cafés-concerts existent à Alexandrie il y a au moins une dizaine d'années, quoi qu'en puisse dire le spirituel Ed. About dans *Ahmed le fellah*, et bien avant qu'il fût question de grands théâtres. A la vérité, à leur début, ils étaient loin d'être ce qu'ils sont aujourd'hui, comme décoration de salle, scène, artistes, service et même comme fréquentation. On y entend souvent de l'excellente musique, et l'interprétation des pièces du répertoire d'Offenbach n'y laisse rien à désirer. Les Alexandrins se rappellent encore la manière charmante, l'entrain et la verve avec lesquels les artistes du grand Casino enlevèrent « *L'amour, qué qu'c'est qu'ça?* » et « *Monsieur Champfleury restera chez lui le....,* » deux opérettes

qui firent leur entrée en Egypte par la scène du café-
concert, avant d'arriver sur celle du théâtre royal du
Caire.

SECONDE JOURNÉE

Le voyageur a pu se convaincre dans ses visites d'hier,
qu'Alexandrie est maintenant une ville *métis* qui ne
tient plus à l'Orient que par son ciel éternellement bleu,
les costumes on ne peut plus panachés de ses habitants,
son commerce de café, sucre et coton, et sa position
géographique.

Aussi, que de choses exécutées en dix ans. Les eaux
du Nil prises au canal Mahmoudieh, creusé par Méhémet-
Ali de 1819 à 1830, et refoulées jusque sur les hau-
teurs de Com-el-Dik et dans les fortifications qui dominent la ville ; la création de la place Méhémet-Ali et sa
plantation d'arbres ; l'éclairage de la ville au gaz ; le
prolongement de la rue Ibrahim-Pacha, avec un égout
d'une longueur de 1,500 mètres pour l'assainissement
de cette nouvelle voie publique ; le dallage de la rue
Chérif-Pacha ; et, tout dernièrement, la place de l'église

Sainte-Catherine transformée en un élégant square, grâce aux efforts de la municipalité provisoire, qui ne pouvait mieux s'affirmer que par un embellissement qui profiterait à la salubrité publique, en même temps qu'il donnerait la vie à un quartier trop longtemps négligé.

Cette ville d'Alexandrie, tant de fois conquise et détruite, est maintenant florissante depuis que Méhémet-Ali, à l'instar d'Alexandre, a voulu en faire la reine des côtes africaines ; ses rues droites, où règne une brise continuelle, ses maisons blanches à terrasses, ses églises, ses mosquées avec leurs hardis minarets, ses pavillons de consuls, qui s'élancent dans un beau ciel d'azur, ses petits chevaux arabes, ses chameaux, ses baudets et cette population de toutes couleurs, qu'on rencontre à chaque pas, impressionnent toujours le voyageur nouvellement débarqué dans ce classique pays.

De tous les signes de l'ancienne magnificence d'Alexandrie, il ne reste plus aujourd'hui que les deux obélisques vulgairement nommés les *Aiguilles de Cléopâtre*, et la *Colonne de Pompée*.

La Colonne de Pompée est un monolithe en granit rouge, qu'on aperçoit avant d'entrer dans le port d'Alexandrie, par un ciel clair, à l'ouest de la ville et dominant un cimetière arabe qui se trouve à dix minutes de chemin de la porte Sedria. Le chapiteau est corinthien, à feuilles de palmiers unies et sans dentelure ; le piédestal semble n'être pas de même granit que le fût, et n'est d'ailleurs que lourdement ébauché. Le fût est, au contraire, d'une pureté d'exécution remarquable, ce qui ferait croire que la colonne a appartenu à un édifice antique d'une grande magnificence.

Des fouilles exécutées assez récemment, par ordre de S. A. le Vice-Roi, feraient croire que l'érection de ce monument est relativement moderne. Les savants et les voyageurs ont écrit des volumes pour prouver qu'il avait été érigé en faveur de tel ou tel prince sans cependant arriver à une conclusion définitive. Les plus sages ont pensé que ce ne pouvait être en l'honneur de Pompée, puisque Strabon et Diodore de Sicile n'en ont point parlé. Aboulféda l'appelle la colonne de *Sévère*, et l'histoire nous apprend, en effet, que cet empereur visita l'Egypte, donna un Sénat à la ville d'Alexandrie, et mérita bien de ses habitants.

L'inscription grecque à moitié effacée qu'on voyait du côté de l'Occident était sans doute lisible du temps d'Aboulféda, car dans sa *Description de l'Egypte* il dit : « Alexandrie est bâtie sur le bord de la mer, elle possède « un phare fameux et la colonne de *Sévère*. »

De la Colonne Pompée on peut rentrer en ville par le

porte Sedria, tourner à droite en suivant les boulevards plantés d'arbres qui suivent les fortifications de la ville jusqu'à la gare du chemin de fer de Ramleh, où se trouvent les deux obélisques en granit rose dont nous parlions plus haut, et que les touristes désignent sous le nom d'Aiguilles de Cléopâtre.

Un de ces obélisques est renversé, rompu et à moitié recouvert de sable ; l'autre est posé sur son piédestal et chargé, de la base au sommet, d'hiéroglyphes. Tout porte à croire que ces deux obélisques décoraient une des entrées du palais des Ptolémées dont on voit encore des ruines à quelques mètres de là, dans la mer.

Plus haut, nous avons prononcé le nom de Ramleh, qui est à Alexandrie ce qu'est Asnières à Paris, grâce à un chemin de fer lilliputien qui permet de franchir en un quart d'heure la distance qui sépare les deux localités.

Il y a une vingtaine d'années, Ramleh n'était qu'une plage de sable aride, située à une lieue à l'est d'Alexandrie, habitée seulement par des bédouins chasseurs, vivant au jour le jour, et tirant un peu sur toute espèce de gibier. Quelques négociants européens d'Alexandrie, aussi courageux que bien inspirés, eurent l'idée des tentes-abri où ils pourraient se reposer après une partie de chasse. L'air frais de la mer qu'on y respirait et la sécurité dont on y jouissait, par suite de l'éloignement des Bédouins qui renouvelaient sur la terre d'Egypte, vis-à-vis des Européens, ce que font les tribus indiennes devant les colons américains, engagèrent les plus riches à y élever des habitations. La mode s'en mêlant bientôt, chacun voulut avoir son jardin et sa maison de campagne à Ramleh. C'est alors que les premiers possesseurs eurent l'excellente idée de relier Ramleh à Alexandrie par un chemin de fer, opération qui a eu pour résultat de doubler et même de tripler, en quelques années, la valeur des terrains, facilement arrosables. Aujourd'hui, Ramleh est habité, en été, par le haut commerce alexandrin; la population de toute couleur s'y porte le dimanche pour y passer la journée et se reposer des travaux de la semaine. On y trouve un bal, un cercle, un marché aux légumes, des hôtels et des restaurants où l'on mange à la carte ou à prix fixe. Pour un franc, aller et retour, on y va, comme à Saint-Cloud, à Saint-Germain ou à Bougival quand on est à Paris.

En rentrant de cette promenade, on pourra visiter la magnifique bibliothèque de *l'Institut égyptien*, dans le palais Tozizza, en s'adressant à son savant et modeste président, M. Colucci-Bey, en son absence à M. Eugène de Régny, son secrétaire, dont la complaisance est bien connue des voyageurs qui ont déjà visité l'Egypte. On trouvera là des volumes rares et des manuscrits en-

voyés de toutes les parties du monde par les membres de
cette savante institution qui a des correspondants en
Europe, en Amérique, aussi bien que dans l'extrême
Orient. Un catalogue par lettre alphabétique donne le
nom des ouvrages et de leurs auteurs.

Ras-èl-Tin. — En entrant dans le port d'Alexandrie,
on aperçoit, à sa gauche, un palais à colonnades, donnant sur la mer, et qui fut bâti par Méhémet-Ali ; c'est
Ras-el-Tin, l'habitation d'été des souverains d'Egypte,
qu'on peut facilement visiter en s'adressant à un des
nombreux employés préposés à la garde du palais. On y
remarquera le superbe escalier en marbre de Carrare qui
conduit à la salle d'audience, de forme circulaire, la
richesse des parquets et la décoration un peu surchargée
des plafonds.

Les bâtiments du *harem*, luxe d'habitation qui risque
de bientôt tomber en quenouille en Egypte, sont séparés
du château par une esplanade plantée d'arbres et décorée
d'une fontaine dont le style rappelle celle qui orne la place
Louvois, à Paris.

De Ras-el-Tin on pourra rentrer en ville par le port
et visiter l'arsenal de la marine, ses bassins, ses ateliers
de construction et de réparation d'où sortit, grâce au concours dévoué d'un de nos illustres compatriotes, M. Cé-

risy-Bey, cette belle flotte, qui devait plus tard être en partie détruite au combat de Navarin. De là au magnifique Dock-Flottant, construit aux forges et chantiers de la Méditerranée et amené heureusement de France, il n'y a qu'un pas, si l'on veut se donner l'intéressant plaisir de voir comment l'industrie moderne parvient, en quelques heures, à mettre à sec, en plein port, le navire du plus fort tonnage pour le réparer.

Deux créations internationales récentes méritent d'être visitées à Alexandrie ; nous voulons parler des *Ecoles gratuites universelles* et de la *Société alimentaire.*

LES ÉCOLES GRATUITES UNIVERSELLES. — Cette institution, due à l'initiative de quelques hommes de cœur, oublieux de leurs propres intérêts pour s'occuper de la jeunesse égyptienne appartenant à toutes les nationalités, date à peine d'un an, et déjà on peut se rendre compte des immenses résultats obtenus, par les bulletins trimestriels que publie le Comité-Directeur de l'œuvre.

C'est quelque chose dans une ville comme Alexandrie, que 500 élèves recevant la même instruction, sans distinction de races, sans préjugés du sang et sans distinction de religion, dans un seul et même établissement.

C'est sur les bancs de l'école qu'on apprend à se connaître, à s'apprécier, et qu'on échange ces premiers sentiments d'amitié qu'on aime à se rappeler dans un âge mûr et qui laissent toujours dans le cœur de l'homme assez de bons souvenirs pour rendre le frottement des intérêts moins anguleux, surtout dans un pays comme l'Egypte, où ils surgissent à chaque pas sous des formes multiples.

La journée du 27 février 1869 restera comme un précieux souvenir dans le cœur des élèves fréquentant les écoles universelles.

M. de Lesseps, sympathique par sa nature à tout ce qui est bien, avait annoncé sa visite aux écoles universelles pour le samedi 27 février 1869, à trois heures du soir. Mais tout se sait aussi rapidement en Egypte qu'en Europe, et une foule d'Alexandrins — appartenant à toutes les nationalités — de charmantes Levantines aux toilettes les plus variées, s'étaient donné rendez-vous pour venir entendre l'illustre promoteur du Canal de Suez dans l'humble local affecté aux écoles.

M. de Lesseps après avoir expliqué à la nombreuse assemblée le but philanthropique de sa visite et donné quelques détails sur les travaux du canal, a annoncé aux élèves réunis, que le Prince héritier, Tewfik-Pacha, avait daigné accepter le protectorat des Ecoles universelles. Cette bonne nouvelle fut accueillie par trois salves de longs applaudissements. Enfin, pour terminer la séance en mettant la joie de cette jeunesse à son comble, le

Président promettait aux élèves les plus méritants au concours de fin d'année, le voyage dans l'Isthme de Suez aux frais de la Compagnie qu'il représente si dignement.

Certes le gouvernement de S. A. le Khédive ne pouvait faire un acte de plus profonde et de meilleure politique que de mettre S. A. Tewfik-Pacha à la tête des Ecoles universelles; cette pépinière de jeunes gens, nés pour la plupart en Egypte, la patrie adoptive de leurs parents, se rappellera plus tard qu'elle doit son savoir, ses lumières, et son dévouement dans les jours difficiles, s'il en survient (1), à celui qui voulut bien, alors enfant comme eux, prendre soin de leur faire donner le pain de l'intelligence ; ce seul souvenir, disons-nous, devra tous les rallier au drapeau tenu par leur bienfaiteur, s'il est porté haut et fier dans le chemin de la justice et de l'honneur.

Dans le même ordre d'idées, qui sait combien l'œuvre de l'orphelinat du Prince Impérial, en France, a rallié de sympathies autour du berceau de l'héritier de Napoléon III? En serait-il autrement en Egypte? Assurément non : les mêmes causes produisent toujours les mêmes effets.

Les maisons régnantes d'Europe, dans un but de po-

***

(1) Quel est l'homme, fût-il prince, qui n'en a pas?

popularité louable, laissent mettre le nom de l'héritier du trône à la tête de toutes les institutions de bienfaisance et permettent de répandre son portrait, en photographie ou en buste, dans les populations. En faisant ainsi, un Prince Royal est connu par toutes les classes de la Société; en faisant le contraire, le jour où il monte sur le trône, à part quelques privégiés, c'est un inconnu pour tout le monde.

Nous avons dit plus haut que le local des écoles gratuites universelles, sous le protectorat de Tewfik-Pacha, situé à Okel neuve, était bien modeste : c'est vrai, en effet.

Ce n'est pas sans un serrement de cœur qu'on voit tous ces enfants entassés les uns sur les autres dans quelques salles étroites où l'air leur est mesuré; mais rassurons bien vite le lecteur en lui annonçant que Son Altesse vient de donner des ordres relativement à une maison où tous les élèves seront convenablement installés.

En face de pareils résultats, quand on voit le musulman, qu'on nous représentait autrefois comme un croquemitaine, se faire le protecteur de tous les cultes, les plus incrédules doivent croire à la grande ère de la fraternité des peuples.

LA SOCIÉTÉ ALIMENTAIRE. — Cette œuvre, la digne

sœur de celle dont nous venons de parler, a commencé à fonctionner le 20 février 1869 sous la direction d'un comité international composé d'hommes dévoués, préoccupés, en raison de la chèreté des vivres dans ce pays, de donner les aliments, au plus bas prix possible, à toutes les populations, notamment à cette intéressante classe ouvrière déjà nombreuse à Alexandrie et toujours si digne de sollicitude quel que soit le pays où elle plante sa tente.

Sans nous arrêter aux détails, perfectibles sans doute, comme tout en ce monde, disons de suite que le succès ne se fit pas attendre et que les membres du Comité durent éprouver un vif sentiment de satisfaction dès les premiers jours du fonctionnement. Il ne pouvait guère en être autrement. L'ouvrier honnête qui a le courage de s'expatrier n'est pas le moins intelligent; il arrive à l'étranger en pensant, avec raison, que les salaires y sont plus élevés que dans son pays natal et qu'avec de l'économie, en fournissant la même somme de travail, il pourra, en quelques années, retourner chez lui avec un petit pécule, double, quelquefois triple de celui qu'il aurait pu gagner en restant à travailler dans la mère-patrie. Pour cela il calcule et sait bien vite reconnaître, avec un grand bon sens, quelle est la meilleure manière de vivre pour arriver à pouvoir maintenir ses forces au moyen d'une nourriture saine, abondante, et à des prix qui lui permettent de réaliser les économies rêvées.

La Société alimentaire n'aurait-elle obtenu que ce résultat, c'est déjà un grand service rendu. Mais dans un pays comme l'Egypte, une mosaïque de nationalités, il y a là une grande pensée qui est celle de rapprocher des peuples de nationalités hétérogènes, faits cependant pour se connaître, s'apprécier, s'aimer, et qui, malheureusement jusqu'ici, ont toujours vécu plus ou moins isolés les uns des autres, et pour ainsi dire, sans relations d'aucune sortes, si ce n'est celle touchant l'intérêt vénal.

L'établissement alimentaire est au centre de la ville, non loin de la rue Ibrahim-Pacha, dans une maison très-intelligemment appropriée aux besoins de tous les différents services; on peut le visiter à toute heure de la journée, certain d'y être toujours gracieusement accueilli par MM. les membres du Comité de service de semaine. Tout y est propre sans luxe, éclairage, salles à manger, vaisselle, ustensiles de cuisine; rien n'y fait songer à la gargotte, tout y rappelle la famille.

ORPHELINAT DE LA MISÉRICORDE. — Avant de partir pour le Caire le touriste voudra visiter un établissement dont on parle trop peu à Alexandrie, malgré les services qu'il ne cesse de rendre à l'humanité souffrante depuis sa fondation, qui remonte déjà à vingt-cinq années. C'est l'orphelinat de la Miséricorde, dirigé par les Sœurs de charité, si dignes de respects par leur dévouement aux malades et par les bonnes œuvres qu'elles ne cessent de répandre sur toutes les classes pauvres.

Donner de l'éducation à la jeunesse du pays, est une belle chose, digne des plus grands encouragements; assurer des aliments sains et peu coûteux à la classe ouvrière n'est pas moins digne d'éloges; mais panser les plaies les plus repoussantes des malheureux Arabes ou Européens qui se présentent *tous les jours* à la pharmacie de la Miséricorde, voilà un dévouement hors ligne et bien fait pour exciter l'admiration et la reconnaissance. Cette distribution quotidienne de médicaments aux personnes indigentes, sans distinction de religion, est une force morale politique, qui vaut autant à elle seule, qu'on ne s'y trompe pas, que le pavillon de n'importe quel Consulat.

Les orphelins conservent encore le souvenir d'une visite, que voulut bien leur faire Mourad-Pacha, alors Gouverneur d'Alexandrie, le 6 septembre 1867.

Ce haut fonctionnaire fut d'abord introduit dans une grande salle où les Sœurs se réunirent pour le saluer. Il parcourut ensuite la maison, témoignant un bienveillant intérêt pour toutes les Sœurs de l'établissement. Arrivé à

3*

l'ouvroir des orphelines, Mourad-Pacha parut visible-
ment touché à la vue de ces pauvres enfants; il caressa
les plus petits qui lui baisèrent les mains, et fut on ne
peut plus satisfait des quelques couplets chantés par ces
voix enfantines.

Ce regretté Gouverneur d'Alexandrie voulut ensuite
voir le dispensaire, s'informant, avec intérêt, si les Arabes étaient toujours respectueux envers ces bonnes
Sœurs qui leur donnent des soins. Il revint ensuite
dans la grande cour où les orphelins l'attendaient pour
lui exprimer, au nom de tous, la reconnaissance que
sa bienveillante visite laissait dans tous les cœurs.
Mourad-Pacha les reçut avec bonté, embrassa celui
d'entre eux qui avait porté la parole et se retira en
exprimant aux Sœurs sa satisfaction pour tout ce qu'il
avait vu.

L'établissement de la Miséricorde, dont la création remonte à l'année 1844, contient environ 800 enfants des
deux sexes.

Les élèves orphelins ou orphelines sont placés, à leur
sortie, dans des maisons de confiance, selon leur savoir
et leur aptitude.

Pour être juste, disons que tous les princes égyptiens, particulièrement S. A. le Khédive, ont toujours accordé leur bienveillante protection à cet établissement.

Puisque nous parlons de reconnaissance n'oublions pas le nom de M. de La Valette, jadis consul général de France à Alexandrie, qui s'est distingué en faveur de l'établissement de la Miséricorde par une générosité et un dévouement au-dessus de tout éloge.

LE CAIRE

Il y a une dizaine d'années, le voyageur qui était venu au Cairé pour y passer l'hiver, se trouvait au bout de quelques semaines en présence d'une assez fâcheuse situation. Il avait visité les monuments, les principales curiosités de la ville et des environs, — fait connaissance avec les types, les costumes et les usages, — rêvé sur le Nil et flâné dans les bazars, — fumé de tous les tabacs et goûté à toutes les friandises indigènes; — pour lui enfin le classique drogman avait épuisé le fond de son répertoire et plus ne savait quelle surprise ménager à son compagnon. Le pauvre homme se mettait alors en quête de distractions appropriées à ses goûts d'Européen. Vaine recherche; à moins d'être archéologue passionné comme le docteur Rumphius, ou agriculteur consommé comme maître Pierre, il se voyait menacé de deux ou trois longs mois de désœuvrement, sans compter les regrets et la poussière. De gré ou de force il lui fallait bien en prendre son parti, mais le printemps venu il s'éloignait en toute hâte, maudissant le pays et ses habitants et

« Jurant, mais un peu tard, qu'on ne l'y prendrait plus. »

Rien de tout cela n'est aujourd'hui à redouter. Grâce à l'initiative d'un prince intelligent, la transformation du Caire est désormais un fait accompli. L'étranger peut y venir en toute confiance, l'emploi du temps ne sera plus pour lui qu'un embarras plein de charmes causé par la profusion des raffinements tout parisiens qui se disputeront ses loisirs.

Le Caire n'est plus seulement cette antique ville égyptienne d'un caractère purement oriental dont les guides Johanne vous faisaient faire le tour en moins d'une semaine. Il est devenu aussi une élégante station hivernale, digne de rivaliser, par le confort et les plaisirs, avec Nice et Monaco, qu'il dépasse de si loin par les splendeurs dont les Pharaons et les Khalifes l'ont revêtu tour à tour.

Il n'entre point dans notre cadre de donner la description de toutes les curiosités du Caire, encore moins de nous livrer à une étude des institutions et des mœurs. Le voyageur à qui ce petit volume est dédié, se propose de voir et de juger par lui-même et ne saurait se contenter de l'impression plus ou moins éphémère d'une lecture. Notre tâche se bornera donc, de ce côté, à l'indication des monuments les plus dignes d'attention, à celle des moyens les plus commodes pour faire les principales excursions, et aux renseignements historiques indispensables. C'est aux besoins matériels, aux distractions de notre voyageur que nous devons songer avant tout : là, est le caractère vraiment pratique de ce guide, et pour n'en citer qu'un exemple, nous croirons avoir rendu aux étrangers un signalé service en leur facilitant, en leur rendant agréable l'emploi des longues soirées d'hiver.

I.

INSTALLATION DU VOYAGEUR.

En débarquant du train du chemin de fer qui l'amène d'Alexandrie, le voyageur aura le choix, pour se rendre à l'hôtel, entre les fiacres et les âniers qui se disputeront sa personne. Quelques minutes suffiront pour le transporter sur la place de l'Esbékieh ou au Mouski, centre du quartier européen. Pour éviter toute discussion avec le patron de son véhicule, le voyageur fera bien de faire payer sa course par le garçon de l'hôtel. En tous cas un demi franc pour le baudet et 2 francs pour la voiture sont largement suffisants.

Les hôtels les mieux tenus et les plus agréables sont ceux qui ouvrent sur le jardin de l'Esbékieh. Les Anglais descendent de préférence à *Shepherd's hotel*, tenu par Zech, et à *New hotel*, superbe établissement construit depuis peu par une Compagnie anglaise qui l'administre. Appartements très-confortables, excellent service à l'anglaise, prix : 20 francs par jour, table et logement compris, mais sans le vin.

Les Français qui ne sont pas habitués à la cuisine britannique devront choisir entre un certain nombre d'hôtels également recommandables, qui sont :

L'*Hôtel d'Orient*, ancien hôtel Coulomb ;

L'*Hôtel des Ambassadeurs* ;

L'*Hôtel Royal et des Messageries* ;

L'*Hôtel Auric* ;

Et l'*Hôtel du Nil* où vont les voyageurs de commerce. Les quatre premiers sont sur l'Esbékieh, le cinquième est dans une ruelle attenant au Mouski. On paie 14 francs par jour dans ce dernier ; partout ailleurs c'est 15 francs, que l'on y prenne ou non ses repas. Le déjeuner est à midi et le dîner vers 7 heures.

Les hôtels de second ordre ci-après ne coûtent que 10 fr. par jour, ce sont :

L'*Hôtel d'Europe*, ancien *Griffith's hotel*, près de la gare du chemin de fer;

L'*Hôtel de France*, près de la chancellerie du consulat français;

L'*Hôtel Victoria* et l'*Hôtel du Commerce*, voisins du précédent;

Enfin l'*Hôtel des Pyramides* à l'entrée du Mouski.

Ces petits hôtels présentent l'avantage qu'on peut y payer seulement la chambre à raison de 4 ou 5 fr. par jour et que le voyageur demeure libre de prendre ses repas où bon lui semble. A cet égard voici quels sont les principaux restaurants :

Celui du *Cercle Oriental*, qui tient une table d'hôte à 4 francs par repas, vin compris : menus distingués, très-bon service.

Celui de l'*Hôtel Auric* où l'on fait sur commande des dîners fins qui se paient très-cher. Un repas ordinaire y coûte 5 francs sans le vin.

Le restaurant grec *Degli Olimpi* et deux ou trois autres du même ordre dans le Mouski où l'on mange à la carte à bon marché. On trouve encore à se mettre en pension à raison de 200 francs par mois au restaurant du *Cercle Oriental* et de 150 francs par mois à l'*Hôtel de France*. Les voyageurs qui voudront mettre en pratique ce dernier moyen, plus économique et plus commode sous tous les rapports que la vie d'hôtel, feront bien de louer au mois un logement particulier ; ils auront des chambres et des appartements meublés à des prix raisonnables dans le quartier de l'Esbékieh ; ils trouveront aussi des maisons telles quelles dans le quartier Copte ; mais leur ameublement réclamera trop de dépenses et de soins, pour que la personne qui veut seulement passer une saison au Caire, ait avantage à recourir à cette solution. Le prix d'une chambre meublée est de 100 francs par mois chez Delavaud, et celui d'un appartement, de 200 à 300 francs. C'est ce qu'on appelle au Caire des prix raisonnables.

Au nombre des détails de son installation, l'étranger ne négligera pas de se faire présenter au Cercle oriental. Ce sera pour lui un moyen de se créer d'utiles relations, et aussi de passer agréablement les premières heures de la soirée.

Au sujet des hôtels et des restaurants, nous croyons devoir hasarder ici une simple réflexion. Les Orientaux pas plus que les Européens qui les coudoient depuis de longues années n'ont en partage des manières fort accueillantes vis-à-vis du voyageur. Ils le considèrent plus ou moins comme leur obligé, et l'argent qu'ils en reçoivent leur semble être une mince récompense des services rendus. Il suffira d'être prévenu de cette humeur pour qu'on n'en soit point choqué; et d'ailleurs devant la concurrence qui se fait jour, elle tend à s'effacer peu à peu pour faire place à la grâce traditionnelle et beaucoup plus lucrative du métier.

Ceci dit en passant, nous allons maintenant supposer que notre voyageur est à peu près casé. Il a fait connaissance avec son quartier; déjà il a circulé sur les boulevards de l'Esbékieh où il a rencontré le bureau de la poste française; il a mis pied dans le magasin du *Prophète*, attiré par le visage tout français de la marchande, et il sait désormais où se pourvoir de tabac et de cigares; peut-être même a-t-il dressé le programme de ses excursions du lendemain, et dans ce cas il ne songe plus qu'à passer agréablement sa soirée. Or, c'est là une recherche qui n'est pas toujours exempte de préoccupations, car s'il est facile en tout pays étranger d'occuper ses loisirs et sa curiosité pendant que le soleil éclaire l'horizon, il n'en est plus de même une fois la nuit venue. Fort heureusement, nous nous hâtons de le dire, le Caire est une de ces villes où toute inquiétude sur ce dernier point doit aujourd'hui disparaître. Grâce aux améliorations récemment introduites dans les voies de communication, il devient agréable de parcourir la ville par ces belles nuits étoilées dont l'Orient a le monopole. Cette seule jouissance, à défaut d'autres, suffirait à laisser de l'Egypte une impression durable dans l'esprit de l'Européen. Mais si à cette fête perpétuelle de la nature s'ajoutent les féeries inventées par la civilisation moderne, les bals et les concerts, le cirque et l'opéra, le vaudeville et les grands spectacles historiques, enfin les soirées plus intimes où l'étranger retrouve, à 800 lieues de distance, la causerie et les femmes de son pays, il faut avouer qu'alors le charme est à son comble et qu'on peut un instant se croire transporté dans le royaume des mille et une nuits. Tout cela cependant n'est point une illusion.

Le Caire est en train d'avoir son opéra et son hippodrome, comme il a eu son cirque et son théâtre de vaudeville. C'est l'affaire d'un signe du souverain qui règne en Egypte. Les meilleurs sujets de France et d'Italie sont dès à présent engagés pour la prochaine saison hivernale.

Heureux les étrangers qui auront remis jusqu'à cette époque leur voyage d'Egypte. Outre les fêtes de nuit dont nous venons de parler, des préparatifs de toute sorte s'organisent pour les recevoir : jardins Mabille, casinos, concerts à la Musard, cafés chantants, brasseries à la viennoise, représentations indigènes ; ils n'auront plus, nous le répétons, que l'embarras du choix.

Convient-il d'insister et de développer toutes les autres ressources que peut offrir le Caire au voyageur pendant ses heures de désœuvrement? Ses nouvelles relations et quelques promenades à travers la ville lui en diront plus à cet égard que ne saurait le faire un manuel. Nous pouvons en tout cas lui déclarer qu'en nul autre pays du monde, il ne jouira d'une sécurité plus complète dans ses vagabondages nocturnes; aussi ne craignons-nous point de l'abandonner à lui-même pour le reste de sa soirée, nous réservant de le reprendre au saut du lit pour le conduire auprès des curiosités plus sérieuses, mais non moins attrayantes, que la vieille cité recommande à son attention.

II.

VISITES DANS L'INTÉRIEUR DE LA VILLE.

Une des premières courses à faire est celle de la citadelle. Du haut de cette éminence qui domine de 75 m. le niveau de la plaine, le touriste prendra d'avance une notion générale du vaste champ ouvert à ses explorations. Il pourra du même coup passer en revue plusieurs intéressants spécimens des divers âges de l'architecture arabe et notamment : les ruines de la mosquée dite de Kalaoun, construite en 1318 par Mohamed-el-Melek-el-Nasser fils de Kalaoun; les fortifications, qui remontent au temps du fameux Saladin (1170-1193); le puits de Joseph, ouvrage du même Khalife, mais que la légende populaire attribue à Joseph, fils de Jacob. Il est creusé tout entier dans le roc et il a fallu descendre à la profondeur de 84 m. pour atteindre le niveau des infiltrations du Nil. Un manége mû par des bœufs élève l'eau jusqu'à mi-hauteur, d'où un second manége l'amène à la partie supérieure. Cette eau comme celle de tous les puits du Caire est un peu saumâtre et ne sert qu'à abreuver les animaux. Pour les troupes et les autres habitants de la citadelle, il y a des citernes que l'on remplit tous les ans d'eau du Nil. Il y a aussi un aqueduc en pierres de taille, fort bien construit, qui amène directement l'eau du fleuve jusqu'au fond d'un second puits également taillé dans le roc : sa profondeur est de 60 m. et on en extrait l'eau par les mêmes moyens que du premier. Ce puits et l'acqueduc qui le complète, datent du règne de Ghoury, l'avant-dernier des sultans mamelouks (1501-1517).

La grande mosquée de Méhémet-Ali, commencée en 1829 et terminée 20 années plus tard, est encore un des morceaux remarquables de la citadelle par sa richesse et par l'élégance de quelques-unes de ses parties. Profusion d'albâtre et de dorures, dallage tout en marbre recouvert par des tapis de Perse, aucune mosquée d'Egypte, certes, ne peut offrir pareil luxe à ses visiteurs.

Tout près de là est le palais Méhémet-Ali qui a remplacé l'ancien palais Saladin. Il est occupé par le prince Tewfik-Pacha, l'héritier présomptif d'Egypte.

La citadelle est en outre le siége des principales administrations de l'Etat, — ministères de l'intérieur, des affaires étrangères, des finances et de la guerre; — grand conseil, — chambre des délégués de la nation. Enfin elle renferme dans son enceinte un hôtel des monnaies, une fonderie de canons, un arsenal de constructions et divers ateliers d'équipement militaire que l'on peut visiter sans beaucoup de difficultés.

En descendant de la citadelle, on fera le tour de l'ancienne place Roumeleh qui a reçu le nom de square Méhémet-Ali depuis sa récente transformation. C'est aujourd'hui une place très-propre et assez régulière d'aspect, où piétons et voitures ne craignent plus de s'aventurer. Elle est flanquée de plusieurs mosquées d'un grand style et d'une porte monumentale qui conduit à la citadelle par un étroit et sinueux défilé. C'est là que le 1er mars 1811, s'accomplit le massacre des Mamelouks par ordre de Méhémet-Ali.

Au nombre des mosquées dont nous venons de faire mention, se trouvent : celle du Sultan Hassan (1357), la plus remarquable du Caire par ses majestueuses dimensions; — la vieille mosquée Mahmoudieh dont on admirera la coupole sarrasine, — et deux ou trois autres plus ou moins intéressantes. Chacun de ces édifices contient le tombeau de son fondateur : celui du Sultan Hassan est une merveille de décorations arabesques; il faut également signaler le grand minaret de la même mosquée, à cause de son élévation et aussi à cause d'une singulière tradition qui règne à son endroit.

On dit que l'architecte, s'inspirant de l'esprit des anciens Egyptiens qui jamais n'oublièrent le Nil dans la construction de leurs monuments, voulut établir le sommet de son minaret aussi haut que la cataracte d'Assouan; — de telle manière qu'un plan horizontal partant d'Assouan et se prolongeant jusqu'au Caire devrait rencontrer la pointe de notre édifice. Or, il est facile de vérifier l'exactitude de cette légende; la hauteur [du minaret est de 80 m. au-dessus de la place, qui elle-même est élevée de 30 m. au-dessus de la Méditerranée. Cela fait un total de 110 m. qui se trouve être effectivement égal à l'altitude aujourd'hui admise pour Assouan.

La place de Karameïdan qui touche à celle de Roumeleh, a été comme cette dernière, rectifiée et embellie tout nouvellement. On peut s'y promener, et de là gagner la porte Korafah qui conduit à la nécropole de l'Imam Chaffy, dont nous parlerons plus tard. En rentrant en ville on regagnera le Souk-el-Selah ou marché aux armes, qui longe le côté oriental du Sultan Hassan; on admirera quelques jolies fontaines animées par le bruit des écoles qui en occupent invariablement la partie supérieure; on rencontrera encore un certain nombre de mosquées ou de tombeaux, toujours empreints d'un grand cachet d'élégance , et on débouchera enfin dans le tohu bohu du Mouski, soit au centre du commerce européen.

Voici maintenant, sans ordre de marche, l'indication des autres lieux remarquables à visiter dans l'intérieur du Caire :

La mosquée de Touloun, à l'extrémité méridionale de la ville, date de l'an 879, et donnera une idée complète de l'architecture ogivale telle que la comprenaient les Arabes à cette ancienne époque.

Gama-el-Azhar ou la mosquée des fleurs, ainsi nommée parce qu'on y vit dès le début fleurir les sciences et la littérature, est à la fois une maison pour la prière et une célèbre Université. Elle fut organisée et fondée en même temps que le Caire (969) par Gouher, le général du Kalife fatimite Moëz, qui régnait à Kairouan (régence de Tripoli); mais l'édifice dans son état actuel a été reconstruit postérieurement et considérablement agrandi. Il faut un permis de la police pour le visiter.

La mosquée d'Hassanein, dans le bazar du Khan-Khalil, est dédiée à Hassan et Hussein, les deux fils d'Ali, gendre du prophète. Elle conserve leurs reliques qui lui ont valu une grande réputation de sainteté. Le maouled ou le jour de la naissance des Hassanien est une des fêtes principales du Caire. Elle se célèbre le 14 rabi II et dure une semaine. La mosquée dont il s'agit vient d'être remise complétement à neuf.

Celle du Sultan El-Hakem, le fondateur de la religion des Druses, remonte à l'an 1003. Elle est très-délabrée, mais on admirera encore le majestueux profil de ses deux minarets et la jolie frise en forme d'inscription qui surmonte le portique. On la trouvera sur sa route à Bab-el-Fotouh, quand on ira visiter les tombeaux des Khalifes.

La mosquée El-Moyed à Bab-Zoueileh est remarquable par la richesse d'ornementation de ses plafonds; elle fut construite par le Sultan mamelouk El-Moyed qui régna de 1412 à 1421.

La mosquée de Kalaoun et la maison des fous connue sous le nom de Moristan qui lui est contiguë, remontent à l'an 1287 de notre ère.

La mosquée d'Esbek, près de celle de Touloun, a un minaret qui renferme deux escaliers à vis superposés et parallèles, de façon que deux personnes peuvent en faire l'ascension sans se rencontrer.

Citons encore la mosquée d'El-Ghoury, celle d'Ibrahim-Aga, et celle de Sitti-Zenab, où dans la matinée du dimanche et du mercredi les femmes se rendent en foule pour prier sur le tombeau de cette fille du Prophète.

Enfin n'oublions pas le couvent des Derviches tourneurs. Il n'a rien d'intéressant comme architecture, mais il offre tous les vendredis, vers 2 heures, le spectacle d'une danse très-originale de ces religieux. Il est situé dans le quartier d'Helmieh.

Parmi les curiosités de l'intérieur de la ville on fera bien de visiter aussi les bazars et les quartiers industriels. Chacun d'eux a sa physionomie particulière et donnera une idée exacte des procédés de fabrication usités dans ce pays. On verra quelle habileté les artisans déploient dans la confection de certains objets, et quel parti ils savent tirer des instruments presque rudimentaires qu'ils emploient. — Le bazar aux pantoufles, la rue des chaudronniers, celles des tourneurs, des ferblantiers, des nattiers, des selliers et des bijoutiers, offriront certainement un vif intérêt. Au nombre des marchés proprement dits, citons surtout le bazar Khan-Kalil où l'on vend les bibelots, les riches étoffes et les bijoux. Le lundi et le jeudi matin, jours de marchés, l'amateur pourra y faire quelques jolies emplettes à des conditions avantageuses. Le Gourieh et Kamsaoui sont des marchés voisins du précédent; le dernier se divise en deux groupes : celui des porcelaines et celui des étoffes. Les marchandises de l'un et l'autre groupe sont de provenance européenne. Les grands marchés de bestiaux et de matières premières se tiennent à l'extérieur de la ville. Les personnes qui voudraient en étudier l'aspect pourront aller le dimanche au grand marché aux légumes de Ghizeh, sur la rive gauche du Nil; — le samedi à Boulaq-Septieh, pour la foire aux baudets, chameaux, etc., et n'importe quel jour, sauf le dimanche, au port de Boulaq pour assister aux grandes opérations qui s'effectuent en céréales, gommes, dents d'éléphants, plumes d'autruches et autres produits du Soudan.

Le marché aux esclaves n'existe plus.

Nous croyons devoir encore faire mention des établissements d'instruction publique, tels qu'ils ont été réorganisés par l'administration d'Ismaïl - Pacha. Le grand développement qu'ils ont pris depuis quelques années et leur installation, qui est fort bien entendue, les recommandent doublement à l'attention des Européens. Pour les visiter, il suffit d'en témoigner le désir au ministre de l'instruction publique, qui toujours s'y est prêté avec obligeance. On passera en revue l'Ecole primaire d'abord, puis l'Ecole préparatoire , les Ecoles polytechnique , d'arpentage, de dessin, de droit civil, de médecine et des arts et métiers. Il s'y trouve réunis près de deux mille élèves qui, en outre des notions spéciales relatives à leur profession, apprennent notre langue et se familiarisent avec nos mœurs, sous la direction de quelques professeurs français. Les examens généraux qui ont lieu dans le mois de novembre, et auxquels tout étranger a droit d'assister, sont brillants et surtout fort intéressants.

III.

COURSES AUTOUR DU CAIRE.

Les tombeaux des Khalifes sont à l'orient de la ville, sur une colline déserte qui s'étend au nord de la citadelle. Ce sont des monuments en forme de mosquée où sont renfermés les tombeaux des princes de la dernière dynastie des mamelouks, celle des sultans circassiens ou borghites, qui régnèrent de 784 à 923 de l'hégire (1382-1517). Toutes ces mosquées sont d'une grande élégance, mais on visitera notamment celles de Barkouk (1386), d'El-Achraf (1437) et de Kaït-Bey (1496).

Au sud de la citadelle, se trouve une autre nécropole qui porte le nom d'Imam-Chaffy, un descendant de la famille du prophète, sous la protection duquel elle est placée. Elle contient un très-grand nombre de monuments funéraires de toutes formes et de toutes dimensions, entre autres des coupoles et des minarets pleins de coquetterie. La plupart ont été érigés par les beys mamelouks chargés, au nom des sultans de Constantinople, de gouverner l'Egypte, postérieurement à la conquête de Sélim Ier, en 1517. Un groupe plus moderne contient les tombeaux de la famille de Méhémet-Ali. — Celui de

4*

son fils, Ibrahim-Pacha, construit par l'architecte persan Mirza effendi, mérite d'être vu.

Entre les deux nécropoles dont nous venons de parler, on rencontrera, en suivant le flanc de la montagne du Mokattam, plusieurs tombeaux souterrains dont quelques-uns sont très-grandioses.

Depuis Imam-Chaffy, on peut se rendre au Vieux-Caire en longeant l'aqueduc de la citadelle. Dans ce faubourg de la grande capitale à laquelle il est antérieur de bien des siècles, on visitera successivement les points ci-après, en marchant vers le sud.

La prise d'eau de l'aqueduc lui-même, grosse construction hexagonale, du haut de laquelle une demi-douzaine de sakiehs élèvent l'eau du Nil à 26 mètres au-dessus du niveau de l'étiage du fleuve.

La prise d'eau du Khalig-el-Soultani ou canal des Rois, qui alimente aujourd'hui la ville du Caire pendant l'été, mais qui jadis conduisait à la mer Rouge les eaux du Nil et les barques de Memphis. Théâtre d'une fête annuelle, aussi ancienne que le canal lui-même, qui a lieu à la mi-août.

Les églises chrétiennes de Kasr-el-Chamma, et notamment celle de Sitti-Mariam-el-Maghara, où, d'après la légende, la sainte famille se reposa lors de sa fuite en Egypte. On montre encore la chambre qu'elle occupa.

C'est aujourd'hui un caveau souterrain envahi par les hautes eaux du Nil. Dans cette église et dans les autres, on remarquera de jolis panneaux sculptés, en ébène incrusté d'ivoire, et des peintures byzantines assez curieuses. Kasr-el-Chamma n'est autre que l'ancienne Babylone des Hébreux ; son enceinte est formée par des murailles de construction romaine.

La mosquée d'Amrou, la plus ancienne de l'Egypte (641) est le type véritable de la mosquée primitive : une cour carrée, entourée de portiques, avec une fontaine au centre pour les ablutions.

On terminera l'excursion du Vieux-Caire par la visite du Nilomètre, qui est situé à l'extrémité sud de l'île de Roda. Il se trouve au milieu d'un jardin d'orangers, à 100 mètres environ du bras oriental du fleuve avec lequel il communique par un aqueduc souterrain. C'est une chambre carrée, une sorte de puits d'une construction très-soignée, où chaque matin un fonctionnaire spécial vient constater la hauteur des eaux du Nil. La colonne graduée qui occupe le milieu de la chambre ne lui sert pas pour cet objet ; il a des repères sur la muraille, de lui seul connus, auxquels il se reporte pour la détermination de ses mesures. Telle qu'elle est actuellement, la partie visible du Nilomètre de Roda, remonte à l'an 715 de notre ère ; mais la partie cachée par l'eau est d'une époque beaucoup plus reculée. Le Mastabat-el-

Faraoun, sorte de palier qui est aujourd'hui à 2 mètres au-dessous des basses eaux du Nil, est d'origine pharaonique comme le dit son nom ; mais ce palier recouvre encore une maçonnerie de plusieurs mètres de hauteur, sans compter des fondations fort solides, qui descendent jusqu'au roc, soit à 11 mètres au-dessous de l'étiage, et qui sont évidemment de la plus haute antiquité.

Si le Vieux-Caire est un faubourg intéressant par ses antiquités, un autre faubourg, celui de Boùlaq ne lui cède en rien sous un autre point de vue. Boulaq est le vrai port et la grande place commerciale du Caire. C'est en même temps le quartier industriel par excellence. L'usine hydraulique de M. Cordier, le magnifique établissement Darblay qui alimente les boulangeries de l'Egypte, l'usine à gaz, l'arsenal des bateaux à vapeur de la Compagnie Azizieh, les ateliers de construction et de réparation du chemin de fer, l'Ecole des arts et métiers, et surtout l'atelier de précision, dirigé par M. Langlois, sont dignes d'être visités.

En face de Boulaq, la résidence vraiment royale de Ghezireh vous offre les mille séductions de ses jardins, de ses grilles dorées, de ses grottes enchanteresses et des splendeurs intérieures du palais. La distance est à peine de deux jets de pierre. Quelques coups de rames suffiront pour la franchir ; n'hésitez pas, vous serez toujours reçu ; — l'hospitalité est la politesse des souverains de l'Egypte.

C'est encore à Boulaq que se trouve la collection des antiquités réunies et classées par les soins de Mariette-Bey. Nous considérons comme indispensable pour l'intérêt des excursions dont il sera parlé dans le chapitre suivant, de faire connaissance avec ces vénérables débris de la civilisation pharaonique, ainsi qu'avec les deux livres qui se vendent à l'entrée du musée. L'*Aperçu de l'histoire d'Egypte*, de Mariette-Bey, et le *Catalogue du musée de Boulaq*, du même auteur, résument en effet d'une manière aussi complète que lumineuse la situation actuelle de nos connaissances en égyptologie.

Il ne nous reste plus maintenant à mentionner que le kiosque de Choubrah ; — la promenade de Koubbeh, — le quartier militaire de l'Abbassieh, — le champ des courses et l'Observatoire, et nous en aurons fini avec le groupe du Caire proprement dit. Il faudra, dorénavant, pour se retrouver en présence de nouvelles curiosités, se résigner à un déplacement plus ou moins considérable, auquel viendra quelquefois en aide le chemin de fer, mais qui le plus souvent exigera pour de longues heures l'intervention du baudet traditionnel. L'indication de ces différentes courses va faire l'objet de notre dernier chapitre. Quant à celui-ci, nous le terminerons par une observation pratique.

Les consulats établis au Caire sont des bureaux de renseignements tout trouvés pour le voyageur, en même temps qu'ils sont de précieux intermédiaires pour lui faciliter certaines visites qui réclament des permis spéciaux de la part des autorités locales. Il ne saurait donc mieux faire que de s'adresser au représentant de sa nation toutes les fois qu'il éprouvera quelque embarras dans l'accomplissement de son programme de voyage.

IV.

EXCURSIONS.

Nous désignons sous ce titre les courses qui conduisent aux points ci-après : le barrage du Delta, — Héliopolis, — la Forêt pétrifiée, — les carrières de Tourah, — les pyramides de Ghizeh, — les pyramides de Saqqárah et le Sérapéum de Memphis.

On va au Barrage en chemin de fer, le lundi, le jeudi et le samedi. On part à huit heures et demie du matin ; on a deux grandes heures pour visiter, et l'on repart à midi ; — mais il est prudent d'emporter de quoi manger, car on n'est pas certain de l'heure du retour.

Le Barrage a été commencé en 1846 sur les plans dressés par Mougel-Bey, ingénieur en chef des ponts et chaussées de France. C'est un pont gigantesque et d'un aspect très-imposant, en briques et pierres de taille, établi au point de la bifurcation des deux branches du Nil, à 25 kilomètres au nord du Caire. Sa longueur est de 544 mètres sur la branche de Damiette, et de 465 sur celle de Rosette. Les arches y sont très-multipliées ; elles ont, par suite, une ouverture assez étroite pour qu'on puisse les fermer avec des vannes, et constituer à l'amont une retenue d'eau de 3 mètres pendant les cinq ou six mois de l'étiage. On conçoit que par ce moyen, les canaux qui prennent leur origine à la tête du Delta, pourraient être pleins toute l'année, et les campagnes de la Basse-Egypte être constamment arrosées comme pendant l'inondation. Mais on n'a pas pu jusqu'à ce jour réaliser complètement ce programme. On se borne à intercepter partiellement le passage de l'eau dans la branche de Rosette, pour grossir le débit de celle de Damiette, qui alimente des cultures beaucoup plus étendues. Le résultat obtenu est en moyenne une surélévation de niveau d'un mètre à l'origine de cette dernière branche. On nous a dit cependant qu'en juin 1866, cette surélévation avait atteint 1^{m}75.

L'antique Héliopolis, aujourd'hui le village de Matariéh, est à deux lieues au nord-est du Caire. On s'y rend à baudet ou en voiture par une bonne route qui longe les pentes du désert de l'Abbassieh.

De cette ville si renommée par son temple du Soleil, il ne reste que des monceaux de décombres, un obélisque et quelques sphinx brisés enfouis sous le limon. La longue avenue dont ces sphinx faisaient partie, se dirigeait à l'ouest, vers le canal des Pharaons, dont Héliopolis était une station principale. On peut même en reconnaître l'emplacement dans une dépression assez régulière du terrain qui mène au Khalig du Caire, ce pâle reflet de l'ancien canal pharaonien.

L'obélisque, seul ouvrage actuellement visible, est un joli monolithe en granit rose, situé au milieu d'un champ cultivé, sur lequel on amène périodiquement les eaux du fleuve. Il a 17 m. 57 de hauteur ; — mais si l'on y comprend le piédestal qui est enterré, la hauteur totale du monument est de 20 m. 47. Or voici une particularité digne d'attention : des nivellements récents ont prouvé que cette hauteur est égale à celle des fortes inondations du Nil en ce point, au-dessus du niveau des basses eaux de la mer Rouge.

N'est-ce pas là un rapprochement qui peut avoir son intérêt, au même titre que celui dont nous avons fait mention au sujet de la mosquée du Sultan Hassan ? Il est peut-être fortuit, mais si l'on réfléchit que l'obélisque d'Héliopolis a été érigé par la dynastie des Osirtasen, ce fameux constructeurs auxquels l'Egypte fut redevable du lac Mœris et de tant d'autres travaux hydrauliques, on concevra sans trop de peine que les ingénieurs de cette époque aient dû étudier à fond le régime de leur fleuve et le nivellement de leur vallée ; on ne sera pas trop surpris non plus qu'ils aient voulu maçonnifier, à titre de repères, dans certains monuments, les données importantes qu'ils désiraient transmettre à leurs successeurs.

On montre encore à Matarieh, dans un jardin appartenant au Khédive, un énorme sycomore appelé l'arbre de la Vierge, sous lequel, dit la légende, la sainte famille se reposa lors de sa fuite en Egypte.

Non loin de Matarieh, vers l'Est, on rencontre la montagne rouge, *Gebel Akhmar*. C'est un curieux mamelon de grès, tout à fait isolé du massif calcaire du Mokattan, auquel il se relie toutefois par les racines. On l'exploite pour les meules de moulins et pour l'empierrement des nouvelles routes du Caire.

Près de là se trouve la Forêt pétrifiée, vaste espace désert tout parsemé de débris fossiles de sycomores, de dattiers et d'autres essences non déterminées. L'intérêt que cette excursion présente aux géologues réside dans ce fait que toutes les pétrifications dont il s'agit, au lieu d'être calcaires comme presque partout, sont exclusivement siliceuses.

Nous allons quitter maintenant la région septentrionale

du Caire et nous porter un peu vers le sud, pour visiter
les carrières gigantesques d'où les anciens ont extrait les
matériaux des pyramides. Elles sont situées près du village de Tourah, dont elles ont reçu le nom. On s'y rend
à baudet ou en voiture, par la nécropole d'Imam-Chaffy.
L'excursion dure une demi-journée. Elle se complète par
la visite aux sources thermales d'Hellouan qui sont dans le
voisinage. Leur température est de 29°. Ce sont les seules
eaux minérales un peu chaudes que l'on connaisse en
Egypte : aussi est-il question d'y construire un établissement de bains.

Depuis Tourah, on aperçoit les deux groupes des pyramides de Ghizeh et de Sakkarah, sur la rive opposée
du Nil. Nous ne doutons point que le désir de visiter ces
vénérables monuments ne soit accru par la notion qu'on
vient de prendre des moyens employés pour leur exécution ; aussi allons-nous sans retard y accompagner le
voyageur.

Une fort belle route, due à la munificence souveraine,
conduit jusqu'au pied même de la grande pyramide de
Ghizeh. Un pont de bateaux, qui sera prochainement
remplacé par un pont en fer, relie les deux rives du
fleuve à Kasr-el-Nil et permet de faire l'excursion avec
toute la commodité possible, à baudet ou en voiture. En
partant du Caire à huit heures du matin, on pourra être
de retour pour midi. Pendant l'été on fera bien de se

mettre en route au point du jour, afin d'avoir terminé l'ascension de la pyramide avant la grande chaleur. — Cette ascension est la première chose à faire. Si banale-et si fatigante qu'elle soit, on ne peut s'y soustraire, pour peu que l'on désire se faire une idée exacte de la dimension du monument et jouir en même temps de la plus belle vue du monde. — Sous le rapport archéologique surtout, cette vue est intéressante en tant qu'elle permet d'embrasser d'un seul coup d'œil tous les détails dignes d'être visités et notamment : les vestiges de la chaussée qui servit à amener les blocs de pierres depuis la lisière du désert, — les quinze ou vingt pyramides, petites et grandes, qui sont venues se grouper autour de leur aînée, — le sphinx, — l'emplacement du temple et enfin celui des tombes ; parmi ces dernières, on devra visiter spécialement le *tombeau des nombres*, et le puits connu sous le nom de *tombe de Campbell*. En descendant les marches colossales du monument de Chéops, on ne pourra se dispenser d'une courte revue de l'intérieur, ne serait-ce que pour honorer d'un pieux regard l'arche sépulcrale où furent enfermés les restes de l'un des plus grands rois de l'Egypte, il y a aujourd'hui 6640 ans.

La course de Sakkarah est moins facile que la précédente, bien que le chemin de fer de la Haute-Egypte ait une station dans le voisinage. Après bien des essais, voici le programme de marche que nous croyons pouvoir recommander. Partez du Caire à baudet au lever du soleil; prenez la route de Ghizeh et son prolongement sur Sakkarah en passant par le village d'Abousir; en trois heures et demie vous serez au but de votre voyage; vous aurez deux heures pour visiter le Sérapéum, le tombeau de Ty, et quelques autres tombeaux moins intéressants : cela suffit; déjeunez et remontez à baudet pour rejoindre la station de Bedreschîn où le chemin de fer passe à trois heures et demie. — Vous allez côtoyer les pyramides de Sakkarah, dont le mérite principal consiste à être, dit-on, plus anciennes que celles de Ghizeh; tout en marchant, vous pourrez compter les nombreux villages établis sur les décombres de l'ancienne Memphis; — ne manquez pas de saluer au passage la statue colossale du fameux Sésostris, et enfin montez en wagon pour vous reposer de vos fatigues. A cinq heures et demie, vous serez en face du Caire, et vous arriverez à votre hôtel pour l'heure du dîner.

Notre tâche est finie à l'égard de l'étranger qui ne veut pas s'éloigner davantage du Caire; toutefois, au moment de lui dire adieu, une dernière recommandation nous vient à l'esprit, et nous éprouverions un véritable remords de ne pas la lui avoir suggérée.

Ami voyageur, si vous ne revenez pas sur les bords du Nil, comme c'est probable, consacrez trois semaines à faire l'excursion de la Haute-Egypte. Profitez du service de bateaux à vapeur organisé à cet effet par la Compagnie Azizieh. En vingt jours, vous aurez contemplé tous les monuments et toutes les curiosités dignes d'attention qui sont échelonnées entre le Caire et la première cataracte. Dans le nombre de celles-ci, vous aurez remarqué le paysan égyptien aux prises avec son fleuve et avec le désert ; — par ses efforts présents et par les ouvrages que jadis il a su produire, vous aurez pu juger de l'avenir qui lui est réservé ; — vous emporterez ainsi une idée complète de cette classique vallée dont chacun vous parle, — et vous saurez enfin pourquoi notre illustre Mariette l'a baptisée « l'aïeule de toutes les nations. »

L'ISTHME DE SUEZ

I

HISTORIQUE

Ce fut en octobre 1854, dans un voyage à travers le désert lybique, que M. de Lesseps entretint pour la première fois Mohammed-Saïd-Pacha du percement de l'Isthme de Suez. Le fils de Méhémet-Ali comprit tout d'abord la possibilité d'exécuter le canal et les résultats grandioses assurés à l'entreprise. Il demanda un mémoire à ce sujet.

Dans ce mémoire, remis au Vice-Roi le 15 novembre suivant, M. de Lesseps faisait l'historique des canaux qui, dans les temps pharaoniques, sous les Ptolémées et sous les Khalifes, avaient mis les deux mers en communication, soit par le Nil, soit directement ; et il résumait ainsi les résultats financiers, commerciaux et politiques de son projet : « Possibilité de l'exécution, intérêt de « tous les peuples navigateurs, progrès du commerce et « de la civilisation, réalisation facile du capital nécessaire « à l'achèvement des travaux par l'avantageuse et large « rémunération des actionnaires. »

Comme principal résultat matériel, M. de Lesseps constatait que : « Sur une moyenne de cinq à six mille « lieues, la route commerciale entre l'Orient et l'Occi- « dent se trouvait abrégée, en moyenne, de trois mille « lieues. »

Mohammed-Saïd approuva le mémoire, et par un fir- man, rendu au Caire le 30 novembre 1854, confia à son *ami dévoué*, M. Ferdinand de Lesseps, « le pouvoir « exclusif de constituer une COMPAGNIE UNIVERSELLE « pour le percement de l'Isthme de Suez et l'exploitation « d'un canal entre les deux mers. »

En même temps qu'il recevait ce firman, M. de Les- seps était invité à compléter les études déjà faites sur l'Isthme de Suez, par un nouvel examen du terrain.

La première exploration en avait été faite par une com- mission que désigna Bonaparte dès son arrivée en Egypte. Lorsqu'à son départ pour la France, M. Lepère lui remit le rapport de cette commission, il dit : « La chose est « grande ; ce n'est pas moi qui maintenant pourrai l'ac-

« complir ; mais le gouvernement turc trouvera peut-être
« un jour sa conservation et sa gloire dans l'accomplisse-
« ment de ce projet. »

Le rapport de M. Lepère concluait au percement et à
la communication directe.

En 1845, M. Paulin Talabot et ses deux collègues
MM. Stephenson et Negrelli adoptaient « la voie indirecte
« d'Alexandrie à Suez, en profitant du barrage du Delta
« pour la traversée du Nil. »

M. Linant-Bey, dont les études approfondies sur les
lieux mêmes, faisaient autorité, avait proposé d'ouvrir
l'Isthme sur la ligne la plus directe ; de créer un port
intérieur dans le lac Timsah ; enfin de rendre les deux
entrées, à Péluse et à Suez, accessibles aux plus grands
navires.

Le général du génie Gallice-Bey, directeur des fortifi-
cations d'Alexandrie, présentait à la même époque à
Méhémet-Ali, un projet concluant, comme celui de
M. Linant, au percement direct de l'Isthme.

Quand Mohammed-Saïd ordonna une nouvelle exploration, elle fut faite par MM. Linant et Mougel en dé-
cembre 1854 et janvier 1855. Le rapport de ces deux
ingénieurs fut déposé au mois de mars suivant, et livré à
l'examen d'une commission internationale, réunie par
M. de Lesseps. C'est ce projet qui eut l'honneur d'être
mis à exécution, du moins dans ses parties fondamentales,

car les modifications ou rectifications de détail qui y furent apportées par la commission et, pendant le cours des travaux par les ingénieurs du canal, ne devaient pas en altérer sensiblement l'esprit. Bien que tout le monde en connaisse aujourd'hui les dispositions générales, il semble utile de les rappeler brièvement ici.

L'Isthme de Suez, on l'a répété bien souvent, présente l'aspect d'une large vallée sablonneuse où viennent se confondre, avec une déclivité presque insensible, le versant oriental de l'Egypte et celui des premières collines de l'Asie. Or, c'est le thalweg de cette vallée très-peu profonde qui a été choisi pour le tracé du canal maritime. La ligne part de l'extrémité de la rade Suez, et se dirige vers le nord jusqu'à ce qu'elle joigne le grand bassin, récemment à sec, appelé les Lacs Amers. Elle les traverse dans toute leur longueur, en suivant leurs sinuosités, de manière à éviter les mouvements du terrain. En quittant les lacs, elle traverse le seuil du Sérapéum, dans son point le plus bas, et vient se jeter dans le lac Timsah, en laissant à l'ouest le plateau de Cheikh-Enedeck.

Le lac Timsah recevait autrefois le trop plein des eaux du Nil que les Hébreux avaient amenées dans leur belle vallée de Gessen, la même qui est aujourd'hui arrosée par le canal d'eau douce de la Compagnie. Le fond de ce lac est, comme celui des Lacs Amers, de plusieurs mètres en contre-bas du niveau de la mer, et il pourra ainsi, conformément aux prévisions de Linant-Bey, servir de port intérieur pour l'Egypte. Il le pourra d'autant mieux que sur ses rives mêmes s'opère la jonction, avec la voie maritime, du canal dérivé du Nil qui relie le Delta au centre de l'Isthme.

Sorti du lac Timsah, le canal décrit une courbe à travers le seuil d'El Guisr, et passe au milieu des dunes d'El Ferdane pour aboutir dans les lacs Ballah. A partir de là, tout relief disparaît, les terrains à creuser se tiennent même au-dessous du niveau de la mer, le canal peut franchir en droite ligne la distance de 55 kilomètres qui le sépare de la Méditerranée. C'est dans la baie de Péluse, en un point situé à 150 milles à l'orient d'Alexandrie, que les études définitives ont placé l'embouchure septentrionale du canal. Le choix de cet emplacement ne s'est pas fait sans quelque hésitation. Des ingénieurs auraient voulu le voir auprès des ruines de Péluse, dans le lieu même où jadis aboutissait la branche Pélusiaque ainsi que le canal maritime tenté par les Pharaons. Mais ce tracé nécessitait une déviation sensible ainsi qu'un déblai plus considérable ; on crut éviter l'une et l'autre en se reportant à l'ouest, jusqu'au point ci-dessus désigné, que M. de Lesseps appela Port-Saïd, du nom de son auguste protecteur. — Un autre motif, non moins puissant, qui fit choisir Port-Saïd, est que les profondeurs d'eau s'y rencontraient à une moindre distance du rivage que sur aucun autre point, dans toute cette portion du golfe de Péluse.

Les études une fois terminées et le projet dressé, M. de Lesseps employa deux ans à populariser son idée dans l'Europe entière, et, en 1858, il ouvrit la souscription pour en constituer le capital par actions. La France lui donna le plus haut témoignage de sa confiance en souscrivant en masse. L'Egypte, de son côté, prenait plus du tiers du capital à sa charge. La *Compagnie universelle* était constituée.

Le 24 avril 1859 fut un beau jour pour M. de Lesseps, lorsque, entouré de ses ingénieurs et de tout son personnel, il donna le premier coup de pioche là où les pionniers de l'avenir allaient se mettre à l'œuvre pour *ouvrir la terre aux nations !*

Aperire terram gentibus !

Dans le but d'aller plus vite, la *Compagnie universelle* résolut de s'adjoindre un entrepreneur exercé dans les grands ouvrages de terrassements de l'ordre de ceux qu'on avait à faire. M. Alphonse Hardon fut l'homme choisi pour cette mission de confiance, dont il demeura chargé jusqu'en 1863. Une phalange d'employés intrépides, déjà rompus aux travaux et aux privations de

toute nature, fut lancée par M. Hardon sur les chantiers
de l'Isthme, et, sans retard, les campements de Ras-el-
Ech, El Guisr, El Ferdane, Toussoum et Gebel-Geneffé
furent fondés. La prise de possession de l'Isthme par la
Compagnie universelle s'affirmait ainsi d'une manière
éclatante, et cela au milieu des obstacles matériels et politiques. Nombreuses furent les victimes de cette espèce
de lutte contre des éléments et contre des hommes également hostiles. Le prestige que la Compagnie de Suez et
le nom seul de M. de Lesseps devaient exercer plus tard
en Egypte n'était pas encore établi. Les travaux cependant se poursuivaient sans relâche. On avait commencé
le creusement de la rigole maritime destinée à servir
d'embryon au futur canal; on s'occupait également d'a-
mener l'eau douce au centre de l'Isthme, et les tribus
nomades du désert, s'apprivoisant peu à peu, ne refu-
saient plus leur concours aux travailleurs européens.

Cette phase préliminaire dura jusqu'à la fin de 1860.
Avec l'année suivante, une ère nouvelle s'ouvrit pour
l'entreprise. Les contingents promis par Saïd-Pacha arri-
vèrent enfin, et s'abattant comme une nuée sur le
grand bourrelet sablonneux du seuil d'El Guisr, ache-
vèrent, en une seule campagne de dix mois, le creusement d'une tranchée qui ne comptait pas moins de quatre
millions de mètres cubes. Ce fut une des plus belles
pages de l'histoire de l'Isthme. Dix-huit mille hommes,

renouvelés chaque mois par des recrues tirées des provinces les plus reculées de l'Egypte, ont offert le spectacle inouï d'un chantier de quelques kilomètres de longueur, littéralement couvert d'ouvriers, travaillant sans encombrement, sans le moindre désordre, avec gaîté, le jour comme la nuit, sous la conduite de quelques ingénieurs, et produisant des résultats qu'on peut hardiment comparer à ceux de nos meilleurs terrassiers européens. Brillant reflet, offert au XIXe siècle, des immenses travaux qui s'exécutaient jadis sur cette terre des Pharaons.

Outre la tranchée du seuil d'El Guisr, on doit encore aux contingents la tranchée de Toussoum. au sud du lac Timsah, ouverte sur dix mètres de hauteur, dont deux mètres au-dessous du niveau de l'eau. On leur doit enfin le canal d'eau douce depuis Ras-el-Ouady jusqu'à Ismaïlia, long de 36 kilomètres, et l'embranchement non moins important qui alimente la ville de Suez, dont le développement est de 90 kilomètres. En tout 17 millions de mètres cubes, répartis sur 150 kilomètres.

Lorsqu'en 1863 monta sur le trône Ismaïl-Pacha, premier khédive d'Egypte, des considérations d'ordre politique et moral ne lui permirent pas de continuer à la *Compagnie universelle* le service des contingents. Il fallut alors substituer les moyens mécaniques à ces puissantes ressources. Une vingtaine de dragues, il est vrai, fonctionnaient déjà depuis trois années à Port-Saïd et dans le lac Menzaleh : c'est à elles qu'on devait la voie de communication établie sur le premier tiers du canal maritime. Mais elles n'étaient plus, à beaucoup près, suffisantes pour achever le travail. L'approfondissement de la tranchée à huit mètres au-dessous de l'eau, et d'autre part l'enlèvement de quelques points saillants dans les régions centrales de l'Isthme, rendaient indispensables de nouveaux moyens d'action. Dès le milieu dé 1864, ils furent mis à même de fonctionner. L'entrepreneur Couvreux, avec des excavateurs à sec de son invention, s'était chargé de compléter la tranchée du seuil d'El Guisr. Et en même temps, MM. Borel, Lavalley et Cⁱᵃ prenaient l'engagement d'exécuter tout le reste de la besogne, depuis Port-Saïd jusqu'à Suez, à l'aide d'appareils spéciaux. Cette dernière entreprise comportait un terrassement de 58 millions de mètres cubes à extraire en cinq années. C'était une tâche colossale, et il fallait le génie et l'activité des deux hommes qui en avaient la direction, pour la conduire à terme. Les voyageurs qui parcourent aujourd'hui librement le canal des deux mers peuvent se rendre compte de la grandeur des efforts qu'on a dû déployer pour son accomplissement. N'oublions pas d'ajouter que si elle a tenu ses promesses vis-à-vis de la *Compagnie universelle,* l'entreprise Borel-Lavalley n'a pas été moins utile à la science de l'ingénieur, par la variété et la puissance des engins qu'elle a créés et mis en œuvre. L'exposition de 1867 a pu en donner une idée. Mais, après avoir eu sous les yeux les miniatures de ces instruments, on ne sera que plus frappé d'en contempler, sur les lieux mêmes, les imposantes réalités.

Pour compléter cet historique, nous donnons, ci-après, les renseignements généraux obtenus à l'époque de l'inauguration. Ils font connaître le cube extrait, la longueur et la largeur du canal. Cette largeur diffère suivant les lieux. Elle a été fixée à 100 mètres partout où le niveau des terres adjacentes est bas, et à 58 mètres, là où le chenal traverse certaines élévations. Quant à la profondeur, elle n'est jamais moindre de 8 mètres, et se trouve par là même suffisante pour laisser passer les plus gros navires.

	Largeur en mètres.	Longueur en kilomètres.		Millions de mètres cubes.
Lacs Menzaleh et Ballah	100	61	»	
Tranchée d'El Guisr.	58	14	50	44
Lac Timsah.	indéterm.	8	»	
Tranchée du Sérapéum.	58	7	»	
Entrée des lacs Amers.	100	5	25	11
Lacs Amers.	indéterm.	40	»	
Tranchée de Chalouf.	58	5	»	
Plaine de Suez.	100	19	25	19
Totaux { à pleine largeur, kilom.. 133 5				
{ à largeur réduite. 26 5		160	»	74

II.

LES VILLES ET LES CAMPEMENTS.

Port-Saïd. — Au commencement de l'année 1859, le site où s'élève maintenant Port-Saïd était habité par quelques Arabes, gagnant leur vie par la pêche. En ce lieu, aujourd'hui se trouve une ville active contenant 10,000 habitants. Lorsque les ingénieurs de la *Compagnie universelle* commencèrent leurs opérations sur cet étroit lido de sable, il présentait juste assez de place pour qu'on pût y dresser quelques tentes. Et encore, était-il balayé de temps à autre par les eaux de la mer ou par celles du lac Menzaleh. Tout d'abord, des maisons de bois sur pilotis furent construites, et les dragages provenant du port et du chenal qui conduit à l'entrée du canal, furent employés pour relever et étendre le banc de sable. Cette opération donne maintenant une surface de 400 hectares dont une partie est employée pour les appropriations qui seront nécessaires aux navires traversant le canal ; une autre partie considérable est occupée par les chantiers et arsenaux de réparation de la Compagnie. La ville est régulièrement bâtie en squares et en rues. Une bonne partie des maisons sont en maçonnerie. Elle possède aussi des églises, des mosquées, des hopitaux, des hôtels, et, à vrai dire, tout ce qui constitue une ville pleine d'activité. On voit à Port-Saïd les Sœurs de charité dont le dévouement sans réserve est employé à soulager les maux des malades et à élever les enfants.

Dans ses premiers temps, la ville devait être alimentée de provisions, de combustible et même d'eau, par des barques venant de Damiette, qui est éloignée de 60 kilomètres. Mais aujourd'hui Port-Saïd reçoit par la mer des provisions de tous les points de la Méditerranée, et l'eau douce lui est envoyée d'Ismaïlia par une double conduite en fonte qui alimente également les stations intermédiaires.

Il y a lieu de présenter quelques détails au sujet des jetées et du port qui font la richesse et assurent l'avenir de Port-Saïd. Leur construction rappelle un des premiers et des plus héroïques efforts tentés par les ingénieurs de M. de Lesseps, et cela se conçoit sans peine. Si, en effet, Port-Saïd, comme tête de ligne, doit avoir, pendant la période d'exploitation du canal, une importance capitale, il en avait une considérable aussi pendant la période de construction : c'était le lieu de débarquement de toutes les matières, machines et denrées qui alimentaient les chantiers de l'Isthme. C'est là qu'étaient concentrés les ateliers de montage des machines, et les grands travaux de dragages, dont les déblais devaient être jetés à la mer. La première préoccupation de la *Compagnie universelle* devait donc être, en dehors des soins d'installation de Port-Saïd comme ville, de créer en mer un abri contre les vents dominants qui permît aux navires de décharger en sûreté, aux appareils dragueurs de fonctionner dans l'avant-port sans redouter l'action de la lame, aux ateliers de montage de communiquer aisément entre eux, enfin aux bateaux de déblais, provenant de l'intérieur de la ligne, de se rendre en mer pour y être déchargés.

Voilà évidemment ce qu'il fallait faire tout d'abord, mais ce qui n'a pu être réalisé qu'au prix des plus lourds sacrifices. Dès 1859, on jetait les bases de la jetée ouest par un appontement en bois construit sur pilotis. Tout en poursuivant cet ouvrage les années suivantes, on faisait affluer des blocs d'enrochement de la carrière située au Mex, près d'Alexandrie, afin de garnir les vides des pieux; mais les affrètements étaient difficiles, les blocs arrivaient trop rares malgré les primes offertes aux capitaines transporteurs; on songea alors à devancer le délai d'achèvement par les blocs, en établissant sur des pieux en fer, par des fonds de cinq mètres et dans la direction de l'appontement, un îlot recouvert d'une large plate-forme susceptible de recevoir les cargaisons des navires qui accosteraient.

La construction de l'îlot fut achevée en 1862. A partir de ce moment, le rôle des blocs ne consistait plus qu'à remplir l'intervalle de 1,200 mètres qui séparait l'îlot de l'appontement. Néanmoins, on ne pouvait guère compter sur un concours aussi restreint que celui du Mex pour arriver à un prompt achèvement du travail. On prit alors un parti décisif : la *Compagnie universelle* passa marché avec des entrepreneurs éprouvés, MM. Dussaud frères, pour le complet achèvement des deux jetées du port au moyen de blocs artificiels semblables à ceux employés aux nouveaux ports de Marseille. Le contrat fut signé à la fin de 1863. L'année suivante fut consacrée à l'installation des chantiers de fabrication de ces blocs. Ils devaient avoir un volume de 10 mètres cubes, et se composer de sable et de chaux du Theil, dans la proportion de 325 kilog. de chaux pour un mètre cube de sable. En 1865, on commença l'immersion de ces nouveaux matériaux, qui ne tardèrent pas à réaliser la réunion complète de l'îlot en fer à l'appontement.

C'est vraiment à partir de ce jour que Port-Saïd acquit son développement maritime et que les travaux de dragage du chenal et du bassin purent être poussés avec l'activité désirable. En juin 1867, ces travaux et ceux de l'entreprise Dussaud étaient en effet suffisamment avancés pour qu'un gros paquebot des messageries impériales, faisant le service des côtes de Syrie, pût entrer dans le port et venir jeter l'ancre dans le grand bassin. Depuis lors, tous les bateaux des compagnies de navigation à vapeur en destination de Port-Saïd ou y faisant seulement escale, n'ont plus manqué d'entrer dans le port intérieur où ils ont toujours trouvé un excellent mouillage, de vastes bassins pour leurs évolutions, et un grand développement de quais pour toutes leurs opérations de chargement et de déchargement.

La construction des jetées ne fut entièrement achevée

qu'à la fin de l'année 1868. Il fallut donc cinq ans à des hommes de la valeur de MM. Dussaud frères pour l'accomplissement de cette grande entreprise, et ce délai, entre autres preuves, donne la mesure des difficultés dont elle fut accompagnée. Voici d'ailleurs quelques chiffres qui pourront servir à en compléter la notion. La jetée de l'ouest a une longueur de 2,500 mètres; son extrémité se trouve par les fonds de $8^m,50$; la jetée de l'est a une longueur de 1,900 mètres et plonge dans les fonds de $8^m,00$. Son enracinement, sur les 260 premiers mètres, où le défaut de profondeur ne permettait pas de faire arriver les gros blocs, a été exécuté au moyen d'enrochements naturels provenant de la carrière du plateau des Hyènes, située sur le bord du lac Timsah. Le reste de cette jetée et presque toute la longueur de celle de l'ouest sont donc l'œuvre de MM. Dussaud ; elles ont réclamé un cube total de 250,000 mètres de blocs artificiels, dont le prix s'est élevé à près de douze millions de francs.

Ras-el-Ech, à 14 kilom. de Port-Saïd. Ce campement est construit sur un îlot du lac Menzaleh. Il s'appelait au début le campement de la *Dahabich,* parce qu'une barque de ce nom avait tout d'abord servi de point de rallie-ment, de bureau et de logement aux employés qui diri-geaient les travaux dans cette section, lieu d'essai des premières dragues de la *Compagnie universelle*, devenue ensuite le théâtre de leurs plus beaux exploits.

KANTARA, à 44 kilom. de Port-Saïd, à l'extrémité méridionale du lac Menzaleh. Ainsi nommé à cause du voisinage d'un pont, le *Kantara-t-el-Khasneh* qui desservait la route d'Egypte en Syrie. On dut faire sauter ce pont qui se trouvait précisément sur le tracé du canal, et on le remplaça par un bac. Ce passage des caravanes de Syrie donne lieu à un [mouvement annuel de près de vingt mille chameaux e moutons qui campent généralement à Kantara. On visitera les grands abreuvoirs créés par la Compagnie pour cet objet. On pourra visiter également dans le voisinage les ruines de l'antique Sélé. Kantara est le seul campement de l'Isthme qui ait été construit sur la rive asiatique du canal.

EL GUISR, à 71 kilom. de Port-Saïd est le point le plus élevé de l'Isthme. Il est situé au-dessus de la grande tranchée de 20 mètres de profondeur qui a été commencée par les contingents fellahs, et se trouve lui-même à 16 mètres au-dessus du niveau de la mer. Chef-lieu de division, pendant la période des travaux du canal. Station fort coquette, régulièrement construite et émaillée de jolis jardins. On visitera particulièrement celui de l'ingénieur de la division ainsi que l'habitation tout artistique à laquelle il appartient. El Guisr possède un hôtel, des restaurants, un hôpital et une charmante chapelle, dédiée à Sainte-Marie-du-Désert, en commémoration du passage de la Sainte Famille par une colline des environs, lors de sa fuite en Egypte. Aujourd'hui encore, cette colline est appelée par les Arabes *Gebel Mariam* ou montagne de Marie.

A 4 kilom. au sud d'El Guisr, on rencontre sur une éminence le kiosque du Vice-Roi d'où l'on jouit d'une vue magnifique sur le lac Timsah. Ce kiosque a été élevé par la *Compagnie universelle* en 1862.

Ismaïlia, capitale de l'Isthme, est à 7 kilomètres au sud-ouest d'El Guisr. On s'y rend en 8 heures de Port-Saïd par les paquebots de la *Compagnie universelle;* en 3 heures de Suez, en 7 du Caire et en 8 d'Alexandrie par les chemins de fer égyptiens.

Assise au bord du lac Timsah, à cheval sur le canal d'eau douce et enveloppée au nord par un ruisselet tout débordant de verdure, Ismaïlia, avec ses petits palais, ses quais et sa flottille de nacelles mérite bien d'être appelée « la Venise du désert, » comme l'ont pensé les voyageurs. Une Venise avec ses fêtes et sa gaieté d'autrefois, avec sa propreté et son confortable modernes. On rencontre en effet peu de villes de province aussi largement alimentées, aussi bien tenues, aussi heureuses qu'Ismaïlia. Ses 5,000 habitants sont tous à l'aise, ils travaillent et s'amusent sans perdre de temps, gagnent et dépensent avec la même ardeur. Ismaïlia a ses églises, ses écoles et sa bibliothèque, son orchestre et ses salons de bal, une société chorale, des brasseries, des cafés-concerts, un cercle et jusqu'à un théâtre. Hospitalière par-dessus tout, la population de cette petite Capoue fait les honneurs de chez elle avec une grâce sans égale. Il n'est certainement pas un voyageur, illustre ou non illustre, qui ne garde précieusement le souvenir du charmant accueil dont il y a été l'objet.

Et cependant Ismaïlia est une ville qui date d'hier. La première pierre en fut posée seulement le 27 avril 1862. Mais la vitalité de la Compagnie à cette époque était telle que peu de mois lui suffirent pour transformer ce désert en rues, en places et en jardins. Ce fut le chalet de M. Ferdinand de Lesseps, ou plutôt son emplacement, qui servit de théâtre à la cérémonie de la fondation d'Ismaïlia. En l'absence du président-fondateur, elle fut présidée par le comte Sala, de regrettable mémoire (1).

---

(1) Un monument artistique a été érigé en 1867 par voie de souscription à la mémoire du comte Sala. On le remarquera en parcourant la rue Negrelli. Il fait face à un monument semblable élevé presqu'à la même époque à M. de Chancel, un des premiers et des plus habiles administrateurs de la *Compagnie universelle.*

Une messe solennelle fut célébrée dans l'église d'El Guisr. Tout le personnel de l'Isthme y assistait. Trois fois le *Domine Salvum* fut répété sur cette terre qui désormais allait être rendue à la vie par la volonté d'un homme de bien. Ce chant religieux, au milieu des déserts, était un souvenir à la France dont le pavillon, flottant sur les tentes, semblait couvrir les travailleurs de sa protection.

Le chalet de M. de Lesseps, le bâtiment du directeur général, celui du transit, le palais du gouverneur de l'Isthme, l'hôtel des voyageurs, l'église catholique, l'église grecque, la gare du chemin de fer sont les constructions les plus remarquables d'Ismaïlia. L'établissement hydraulique, dont les puissantes machines envoient l'eau douce à tous les campements situés au nord de la ville, mérite une visite spéciale. Le quartier arabe à l'ouest, le quartier industriel et sa joyeuse population au centre, le quartier aristocratique formant comme un cadre autour de la jolie place Champollion, et le quartier grec à l'est de la ville ont chacun leur physionomie pleine d'intérêt.

Enfin, au nombre des distractions toutes spéciales que peut trouver le voyageur dans la capitale de l'Isthme, il faut citer encore les courses à cheval à travers le désert, les promenades en canot et les chasses sur le lac Timsah.

Sérapéum, à 14 kilom. au sud d'Ismaïlia, entre le canal d'eau douce et le canal maritime. On s'y rend par le chemin de fer de Suez ou par les bateaux à vapeur de la Compagnie. On y va également à cheval ou à baudet. Non loin du campement, se trouvent les ruines d'un monument égyptien en granit et grès appelé le Sérapéum. Comme le canal des Pharaons qui conduisait les eaux du Nil à la mer Rouge passait à ses pieds, ainsi qu'on peut d'ailleurs s'en assurer par les vestiges mêmes de ce canal, il y a lieu de croire que le Sérapéum était une station-repère, où l'on réglait le niveau des grandes eaux soit à l'aide d'écluses, soit par un déversoir ouvrant sur les lacs Amers, de manière à prévenir les débordements et les ruptures de digues.

De nos jours, cette même région a conquis une véritable célébrité par les travaux fort ingénieux qu'y ont exécutés les entrepreneurs Borel et Lavalley. Considérant que le niveau de l'eau dans le canal d'eau douce qui longe le tracé du canal maritime est de 6 mètres plus élevé que celui de la mer, ces entrepreneurs ont imaginé de faire venir les dragues sur leurs chantiers par des dérivations du canal d'eau douce. Les dragues une fois en place avançaient progressivement en faisant leur chemin devant elles, déblayant tout d'abord les 6 mètres de terres qui se trouvaient au-dessus du niveau de la mer, puis une profondeur de 2 mètres au-dessous de ce niveau pour s'y mouvoir ultérieurement, en tout 8 mètres. Sur quelques points les dragues sont allées jusqu'à 12 mètres, soit 6 mètres en contre-bas du niveau de la mer. On creusa de cette manière toute une tranchée longue de 7000 mètres qui devait établir la communication directe de la Méditerranée aux lacs Amers. Au mois de mars 1869, le travail de dragage était terminé, les eaux douces qui remplissaient le lit du canal maritime avaient été chassées dans le lac Timsah, la navigation était désormais établie sur 96 kilom. de longueur, rien n'empêchait plus de procéder à l'introduction des eaux de la mer dans les grands lacs. Le 18 mars 1869 fut la date choisie pour cette opération. Le khédive d'Egypte la présidait. On se rappelle les paroles enthousiastes qu'il adressait à Nubar-Pacha, son ministre en France, à cette occasion. Le *Journal officiel* de l'Empire en a publié le texte, que nos lecteurs ne seront peut-être pas fâchés de retrouver ici : « Je viens de « visiter le parcours du canal et j'ai assisté à l'entrée des « eaux de la Méditerranée dans les lacs Amers. Je rentre « au Caire plein d'admiration pour ce grand œuvre et de « confiance pour son prompt achèvement.

« Ismaïl. »

Chalouf, à 49 kilom. du Sérapéum, est, comme ce dernier campement, situé entre le canal d'eau douce et le canal maritime. C'est également une station du chemin de fer de Suez, aussi bien que des bateaux de la Compagnie. Les traces du canal des Pharaons sont là plus apparentes qu'en aucun autre lieu de l'Egypte et l'on peut aisément s'y rendre compte de ses vastes dimensions tant en largeur qu'en profondeur : chose remarquable, elles différaient assez peu de celles du moderne canal des deux mers, bien qu'elles s'appliquassent à une simple dérivation du Nil. Il n'est pas moins intéressant d'observer que le point choisi par les ingénieurs des Pharaons pour l'embouchure de leur canal dans la mer Rouge est exactement le même que celui où la *Compagnie universelle* a placé l'écluse de communication de son canal d'eau douce avec le golfe de Suez. Ce point, on ne l'ignore pas, avait jadis reçu le nom de gué de Clysma, que les Arabes lui ont conservé sous la forme de Colsoum. C'est un banc de sable, une sorte de bourrelet d'environ une lieue de longueur, qui passe au travers du golfe dans sa partie septentrionale, séparant le golfe proprement dit des lagunes. Il est généralement couvert par le flot; mais à l'époque des basses marées d'équinoxe, notamment de celles du printemps, il arrive que, sous l'influence des coups de vent du nord, il reste à sec pendant quelques heures et que dès lors il peut servir de passage aux personnes qui, de la terre d'Egypte voudraient se rendre sur celle d'Asie. Il va sans dire que l'imprudent qui s'attarderait dans cette mise en marche,

-risquerait d'être englouti par le retour du flux, puisqu'à cette époque de l'année, les marées peuvent atteindre $2^m,90$ de hauteur.

Or, pour quiconque examine attentivement dans quelles conditions s'est accompli l'Exode des Hébreux, il devient vraisemblable qu'après avoir marché tout le long du canal pour ne pas manquer d'eau, le peuple de Dieu, arrivé à Clysma dans les premiers jours du printemps, aura profité de la marée basse pour franchir le gué, tandis que les troupes égyptiennes, un peu en retard, ont pu être submergées.

Cette digression nous a éloigné de Chalouf où nous devons néanmoins nous reporter quelques instants, en raison des travaux qui viennent de s'y terminer. Par suite de la composition dure et pierreuse de cette portion de l'Isthme, il fut résolu, dès le commencement, que le travail serait exécuté à sec, et l'événement a prouvé combien cette décision avait été heureuse, car à une profondeur considérable, on trouva des gîtes de rocs conglomérés dont l'extraction aurait occasionné de grandes dépenses de travail et beaucoup d'embarras si l'eau y avait été préalablement introduite. Par le procédé adopté, la totalité de ce seuil a été aisément minée et déblayée par le travail manuel. On y a découvert beaucoup de restes fossiles, entre autres des ossements de requins et de squales qui, géologiquement, rangent ces terrains dans le groupe tertiaire inférieur. La tranchée de Chalouf a été exécutée par 6,000 ouvriers travaillant à la brouette, et par 22 plans inclinés desservis par 2,000 hommes et produisant chacun 300 mètres cubes par jour.

De ce point à la mer Rouge les 14 kilomètres restant présentent une plaine continuellement unie et très-peu élevée au-dessus de la mer. La première moitié s'en est exécutée à sec, et le surplus par les dragues. Ces appareils ont été introduits dans cette dernière section au moyen d'un chenal de communication avec le canal d'eau douce, et ont fonctionné constamment dans l'eau douce quoiqu'ils fussent tout près de la mer Rouge. L'avantage de cette combinaison consistait en ce que les machines étaient indépendantes de la hausse et de la baisse de la marée, et que de plus l'eau pouvait être mesurée de façon à faire flotter les dragues à la profondeur qui assurait les meilleures conditions de travail.

Une fois qu'on a franchi les 14 kilomètres dont il s'agit, on arrive au point où le canal entre dans la mer Rouge. Il s'élargit progressivement au fur et à mesure qu'il approche du fond de 9 mètres, où il atteint 300 mètres de largeur. Les travaux à exécuter dans le port de Suez consistaient dans la construction d'un brise-lames pour défendre le mouillage contre les vents du sud, et dans l'exécution de digues en enrochements pour la protection des terre-pleins de la *Compagnie universelle*. C'est encore l'entreprise Borel, Lavalley et Cie qui a commencé et terminé tous ces ouvrages, à la satisfaction complète des actionnaires aussi bien que des navigateurs du monde entier.

SUEZ

Déjà il y avait longtemps que les Anglais, grâce à l'intelligente et persévérante initiative du lieutenant Wagorn, faisaient transiter par l'Egypte leurs malles des Indes, que Suez n'existait, pour ainsi dire, que comme un point géographique sur la mer Rouge. Les quelques navires fréquentant son excellente rade se trouvaient dans l'impossibilité d'y faire de l'eau ou d'y prendre le moindre approvisionnement, ses rares habitants devant se contenter d'un peu d'eau saumâtre amenée à grands frais, à dos de chameaux, des sources de Moïse, situées sur la côte d'Asie, à une distance de trois lieues par terre, de la ville actuelle.

L'installation du personnel administratif de la *Compagnie Péninsulaire et Orientale* avait augmenté, dans une notable proportion, la population de cette misérable bourgade d'alors, en même temps qu'elle en avait diminué sensiblement la ration d'eau nécessaire à chaque habitant.

A la vérité, il arrivait bien du Caire, de temps en temps, une caravane de chameaux qui apportait, dans des outres, de l'eau du Nil qu'on déposait dans les immenses puits d'Agerout ; mais cela ne suffisait pas, surtout à l'élément européen, qui augmentait chaque jour dans une proportion imprévue, par suite de l'extension que prenait le transit sur cette nouvelle route.

Le gouvernement égyptien, sagement conseillé par le gouvernement anglais, comprenant toute l'importance que prendrait, un jour, Suez relié au Caire par une voie ferrée, se décida à donner des ordres pour l'exécution d'un chemin de fer.

Cette ligne, tout dernièrement remplacée avec avantage par celle *d'Alexandrie-Zagazig-Ismaïlia-Suez*, avait 90 milles de longueur en plein désert. Elle fut exécutée par MM. Mouchelet-Bey et Faïd-Bey, tous deux ingénieurs du gouvernement égyptien, et inaugurée dans l'année 1858.

A partir de ce moment, l'administration du transit fit expédier tous les jours à Suez un train spécial composé de wagons-citernes remplis d'eau puisée au Nil, près du Caire. D'un type spécial, ces wagons servaient à deux fins : la partie supérieure, pouvant facilement recevoir des marchandises de toutes espèces.

L'eau amenée ainsi à Suez par les soins du gouvernement égyptien, n'en coûtait pas moins 65 centimes la guerbe de 45 litres en temps ordinaire, mais dès qu'il y avait affluence de monde, comme au temps du pélerinage de la Mecque, par exemple, il fallait être tout simplement prince ou banquier pour se passer la vulgaire fantaisie de se débarbouiller le matin dans sa cuvette, la guerbe atteignant le prix de six ou sept francs !

Les travaux de la *Compagnie Péninsulaire* pour ses chantiers de réparations, le creusement du bassin de radoub, les nombreux navires sur rade, la proximité des chantiers des travaux du canal maritime, accroissaient sans cesse la population de cette ville, qui soupirait après l'arrivée des eaux du Nil par le canal d'eau douce comme le noyé soupire après la rive du fleuve qui l'emporte, sans pouvoir l'atteindre jamais, comprenant bien que cette eau, nouvelle manne tant de fois promise, assurerait désormais, pour toujours, son existence dans ce coin du désert si déshérité par la nature.

Les Stœcklin, les Dussaud, tous ceux enfin qui ont eu sous leur direction des chantiers nombreux d'ouvriers, peuvent redire aux habitants d'aujourd'hui les rudes épreuves par lesquelles ils durent passer pour procurer à leurs hommes de quoi satisfaire le premier de tous les besoins dans ce climat brûlant, la soif !

La Compagnie du canal maritime n'aurait-elle fait que

donner de l'eau à Suez, la vraie capitale du désert, il y en aurait assez pour faire passer le nom de Lesseps à la postérité la plus reculée.

Enfin, le 1er janvier 1864, cette eau bénie, aussi impatiemment attendue que le Messie l'est par les Juifs, arriva à Suez, saluée par les vieux Arabes qui en croyaient à peine leurs yeux. Les plus incrédules goûtaient du doigt, croyant trouver de l'eau salée ! Ce fut un beau jour pour toute la population ; un beau jour aussi pour les Sala, les Voisin-Bey, les Sciama-Bey, les Larousse, les Cazaux qui tous, comme administrateurs ou ingénieurs, purent voir les résultats de leurs longs et pénibles travaux couronnés par le plus éclatant succès.

Depuis ce jour mémorable Suez est devenue une ville importante, puisqu'on y compte actuellement une population de 20,000 habitants ; on y trouve d'excellents hôtels, des cafés, des brasseries, voire même un très-joli café-concert où l'on joue tous les soirs ; des magasins bien achalandés où l'on peut voir toutes espèces de marchandises venant d'Europe, comme aussi de ces jolis petits riens venant de l'Extrême-Orient, que seuls les Japonais et les Chinois ont la patience d'entreprendre.

Suez offre en ce moment le spectacle le plus curieux qu'on puisse imaginer, car on y assiste, ce qui est bien rare, à la transformation rapide et entièrement apparente d'une petite bourgade en une ville de grande importance.

Tout dernièrement ce futur grand port de la mer Rouge a été relié à Ismaïlia et à l'antique port d'Alexandrie par une nouvelle ligne de chemin de fer, achevée en quelques mois, par suite de la pose facile d'un nouveau modèle de traverses en fer (système Vautherin), nouvellement adopté en Egypte par l'Administration des chemins de fer.

Le voyageur qui séjournera quelques jours à Suez y remarquera le nombre inouï de constructions qui s'élèvent de toutes parts. Il n'est pas une rue, pas un seul recoin dans lequel toute l'activité des maçons européens, artistes arabes, menuisiers grecs ne soit mise à contribution pour élever des maisons de riches habitants indigènes, des habitations plus modestes, des grands cafés de luxe, des échoppes et boutiques en planches de toutes dimensions et, brochant sur le tout, aux alentours de la ville s'accumulent des cahutes arabes qui ont à Suez un caractère de solidité et de rectitude plus grand que partout ailleurs en Egypte. On sent que l'exemple des travaux perfectionnés qui ont été exécutés ici exerce son influence.

C'est qu'il est bien peu de lieux, en ce moment, où des travaux de première importance soient exécutés en aussi grand nombre.

MM. Dussaud frères achèvent les grands quais et les

terre-pleins qui doivent former la ville maritime autour de leur splendide bassin de radoub (1) et près des établissements que la Compagnie de l'Isthme de Suez fait construire.

Les Messageries impériales ont à Suez plusieurs établissements fort importants : grande maison d'administration, vastes ateliers où les plus grands organes des machines de leur admirable flotte indo-chinoise peuvent être réparés, cités ouvrières pouvant loger convenablement leur important personnel administratif et ouvrier, fabrique de glace artificielle produisant 1,200 kilog. par jour, parc à bestiaux. Rien du reste ne pourra mieux donner la mesure des puissantes ressources de cette grande Compagnie à qui le haut commerce français doit ses fréquents rapports avec l'Extrême-Orient, qu'une visite à bord des bâtiments qu'elle a toujours sur la rade. Nous recommandons spécialement l'*Hoogly*, le *Tigre*, l'*Impératrice*, le *Cambodge* et le *Donnaï* ; les officiers de ces bateaux se faisant toujours un vrai plaisir de montrer au visiteur tout ce qui peut fixer son attention.

La Compagnie Péninsulaire et Orientale possède égale-

---

(1) Ces grands travaux ont valu à leur auteur, M. Eléazard Dussaud, de la part de S. A. Ismaïl-Pacha, le grade de Bey et la croix de la Légion d'Honneur du gouvernement français.

ment une organisation fort importante, puisqu'elle suffit aux exigences d'un service beaucoup plus étendu que celui des Messageries impériales; le ravissant hôtel que la Compagnie Péninsulaire a fait ériger pour ses nombreux passagers est aussi le rendez-vous des élégants de Suez; c'est certainement l'habitation la plus agréable de la ville.

L'expédition d'Abyssinie a répandu dans toutes les classes de la population un bien-être qui s'est traduit par l'extension considérable des magasins de toute nature, des cafés et autres lieux de plaisirs.

Le gouvernement anglais a fait construire un vaste hôpital pour le rapatriement des troupes de l'Inde, afin que la transition climatérique ne soit pas trop brusque pour les malades. Cet établissement attirera la curiosité des étrangers qui viendront à Suez, d'autant plus que sur les bords du canal d'eau douce, non loin desquels il est situé, on peut facilement visiter la belle usine de MM. Lasseron et Marini qui distribue les eaux douces dans la ville.

Les détenteurs de la Compagnie des eaux de Suez ont depuis longtemps prévu, paraît-il, les destinées de ce pays, car les proportions grandioses qu'ils ont adoptées sont égales à celles des magnifiques établissements de M. Cordier-Bey à Alexandrie et au Caire. Seulement la disposition particulière du terrain ne donnait à ces ingénieurs aucun point culminant pour y poser les réservoirs; ils ont dû prendre un parti des plus hardis et placer de vastes récipients qui ne contiennent pas moins d'un million de litres d'eau sur la couverture de l'édifice dans lequel sont placées les machines à vapeur et les pompes élévatoires.

Le visiteur comprendra facilement quelle solidité de construction il faut pour supporter de pareilles charges.

Au lieu de mettre à leur usine une clôture ordinaire, ces messieurs l'ont entourée d'un large fossé plein d'eau prise directement dans le canal d'eau douce par une grande saignée. Déjà des roseaux, plantés depuis un an à peine, commencent à tracer une ligne de verdure qui réjouit les yeux des habitants de Suez où le moindre brin d'herbe est une précieuse rareté; mais l'eau de ce canal distribuée actuellement dans toute la ville a été un grand bienfait pour la population, car il renferme une eau vive, salutaire et propre, en place de celle presque corrompue qui parcourait les anciennes conduites.

Tout contre l'établissement dont nous venons de dire quelques mots, MM. Lasseron et Marini possèdent un grand terrain agricole que l'excédant des eaux de leurs filtres va transformer prochainement en oasis de verdure, et nous croyons savoir que l'hôpital anglais, imitant cet exemple et profitant des ressources que lui offre la Société des eaux, se propose de faire un beau jardin derrière ses nombreux chalets.

Au nombre des établissements utiles que compte Suez, n'oublions pas la Bibliothèque populaire, fondée par souscription, sous le patronage du Consulat de France de cette ville. Cette bibliothèque, qui ne compte pas moins de 1,500 volumes, occupe agréablement le peu de loisirs laissé à cette population ouvrière, en même temps qu'elle lui élève et développe l'intelligence ; on peut estimer qu'elle distribue 80 volumes par mois ; chaque abonné paie 10 francs par an ; — le produit de l'abonnement permet de payer un bibliothécaire et de consacrer annuellement une somme de 800 francs à l'achat de nouveaux livres.

Comme l'Angleterre, la France possède à Suez un hôpital qui rend les plus grands services aux ouvriers européens de toutes les nationalités, ainsi qu'à nos pauvres marins rentrant malades de nos possessions de l'Inde et de la Cochinchine.

Construit, non pas comme celui des Anglais par le gouvernement, mais bien par l'initiative du consul, aidé de la colonie française dans laquelle il compte de si nombreux amis, cet établissement a rendu, quelques mois à peine après son achèvement, d'immenses services par suite de l'irruption du choléra.

Placé sous le patronage des dames de la ville, il reçoit journellement la visite de quelqu'une d'entre elles, qui apporte un adoucissement aux malades ou vient assister un mourant dans son agonie.

L'hôpital français est situé non loin des cités ouvrières des Messageries impériales, sur un vaste terrain concédé par la munificence du khédive.

La construction en est simple et conçue dans de bonnes proportions. Un grand nombre de salles, bien aérées et alignées aux deux étages de chaque côté d'un corridor principal, permettent de recevoir plusieurs catégories de malades et de donner à quelques-uns des chambres particulières.

L'économat, la lingerie, les cuisines, la pharmacie, tout est disposé avec une grande intelligence pour les besoins du service et la commodité des malades.

Les Sœurs du Bon-Pasteur, qui desservent cet hospice, occupent une annexe qui renferme leur modeste logement et une jolie petite chapelle.

Un jardinet qui promet beaucoup pour l'avenir, est ébauché autour de ce dernier édifice,

Pour compléter ces utiles créations il faudrait des écoles pour les deux sexes, ce qui manque malheureusement encore aujourd'hui.

Les deux mosquées qu'on peut visiter à Suez n'ont aucun caractère monumental. Le bazar arabe n'a lui-même rien d'intéressant; tout au plus y rencontre-t-on quelques Indiens et quelques Chinois qui semblent n'être là que pour rappeler à l'étranger que Suez est placée sur ce rivage comme une avant-garde sur la mer Rouge, cette grande route des Indes et de la Chine.

PRINCIPAUX HÔTELS.

Hôtel Péninsulaire et Oriental (cuisine anglaise).

Hôtel d'Angleterre (cuisine française excellente).

Hôtel de France (cuisine franco-italienne).

Il va sans dire qu'indépendamment des hôtels dont nous citons les noms, il en existe d'autres où l'on trouve un service bien fait et des logements confortables.

FONTAINES DE MOÏSE

La seule promenade à faire aux environs de Suez est une excursion aux Fontaines de Moïse, situées sur la côte d'Asie ; nous croyons bien faire en reproduisant ici une relation de notre ami Debran-effendi, sur ce petit voyage, qu'il vient de faire tout dernièrement.

« Je vous avais annoncé ma prochaine excursion aux Fontaines de Moïse, éloignées de Suez de quatre heures environ ; je viens de l'accomplir en bonne et charmante compagnie, mais dans des conditions qui n'ont pas été exemptes de péripéties.

« Le voyageur a deux modes de locomotion pour se transporter aux fontaines bibliques ; le premier, par terre, à cheval ou à chameau ; le second, par mer, dans une grande barque arabe comme on en voit tant sur la mer Rouge.

« Un de ces derniers dimanches, M. D..., lieutenant de vaisseau, commandant de la marine française à Suez, organisateur de notre excursion, traita avec un certain Ismaïl pour nous procurer une embarcation, deux matelots arabes et un raïs, patron que *l'on suppose* connaître la rade. Le rendez-vous était sur le quai pour le lendemain à cinq heures du matin.

« Tout le monde fut exact : la journée était souriante ; les visages n'étaient pas moins gais ; le vent même était pour nous et soufflait comme à souhait. Il y avait bien, il est vrai, du soleil à *indiscrétion, per fas et nefas,* mais à Suez et au mois de juin, le soleil était dans ses droits.

« Après avoir pris un café qui pouvait bien être du Moka et fumé pas mal de cigares qui n'étaient pas aussi sûrement de la Havane, nous nous embarquâmes sur une de ces chaloupes non pontées, qui servent au cabotage de la mer Rouge. Je viens de vous le dire, le vent était pour nous ; nous passâmes rapidement devant le magnifique bassin de radoub, creusé par MM. Dussaud, et deux heures et demie après notre départ, nous aperçûmes les oasis que fertilise la classique fontaine.

« Il était environ sept heures trois quarts du matin quand la brise nous quitta. A partir de ce moment plus le moindre souffle. Nouveaux Tantales, le but de nos espérances est devant nos yeux et nous ne pouvons l'atteindre ! Toutefois, à force d'encouragements et de promesses de bakchis, — mot d'un effet merveilleux sur l'indolence arabe et qui peut à lui seul dispenser les Européens qui viennent en Orient de connaître la langue du pays s'ils l'emploient à propos, — les matelots consentent à prendre les avirons et rament en accompagnant leurs mouvements d'une chanson monotone : chacun dit un vers, puis le couplet fini, ils recommencent sans fin. Celle-ci, à ce que j'ai pu comprendre, a pour sujet un refus d'aimer de la part d'une jeune et *jaune* fille du Caire. Après avoir répété je ne sais combien de fois l'interminable chanson, nos rameurs fatigués éprouvent la tentation de nous débarquer sur une petite presqu'île de sable, d'où nous aurions eu au moins deux heures de marche pour arriver. Mais comme, en définitive, ils réfléchissent qu'ils auront à faire eux-mêmes le trajet auquel ils nous obligeront, s'ils tiennent à profiter des restes de notre dîner, — et ils y tiennent essentiellement, — ils jugent à propos de nous amener le plus près possible de la rive.

« Arrivés sur un banc de sable, à un quart d'heure du rivage, on échoua l'embarcation que l'eau ne portait plus, et nous prîmes un nouveau moyen de locomotion pour gagner la terre.

« Ce moyen consistait à être portés les uns après les autres sur les épaules des Arabes ; moyen renouvelé des Grecs, s'il en fût, et qu'Enée et son père Anchise ont rendu classique.

« En cet endroit, la mer est pleine d'oursins, ce qui rend ce genre de transport dangereux, car au moindre faux pas, l'Arabe, avec ce sentiment de conservation personnelle qui lui est propre, vous envoie sans façon prendre un bain pour ne pas se couper les pieds. — Nous foulons maintenant la terre où se reposa Moïse. Il fait un soleil à cuire des œufs d'autruche ; pas le plus petit arbre sous lequel un chrétien puisse mettre sa tête à l'ombre, et une heure encore avant d'arriver aux oasis !... Mais, comme dit l'Arabe : *Allah kérim !* Dieu est grand !

« Il s'agit, maintenant, de savoir si on dînera et de quoi !! — L'appétit gagné en mer ne nous rendra pas bien difficiles sur le menu.

« Nous sommes sûrs, du moins, de ne pas mourir de faim, car nous avons avec nous deux boîtes de sardines ; juste ce qu'il en faut pour prouver que nous n'avons pas tout à fait manqué de prévoyance.

« Mais, encore une fois : *Allah kérim !* Il était écrit que nous dînerions, et bien.

« Les oasis se rapprochent ; les palmiers avec leurs frais panaches semblent grandir. Nous apercevons une magnifique allée de grenadiers chargés des plus beaux fruits, et nous courons nous y reposer.

« Une femme bédouine est le premier être vivant qui se présente à nous. Elle nous fait les honneurs de son

joli jardin, parfaitement ombragé; et l'on comprend aisément quels charmes ont ces ombrages quand on vient,
comme nous l'étions, d'être rôtis à point.

« Au fond de ce jardin est une espèce de véranda,
où l'on pourrait dîner au besoin. Pendant que je suis
occupé à déchiffrer les noms écrits sur les planches trans-
versales qui simulent ici des fenêtres, ces messieurs
s'esquivent et me laissent tranquillement écrire mon nom
à côté de celui d'un ami qui, avant moi, est venu faire
ce pèlerinage.

« Voici venir un petit garçon (sa mise, plus que lé-
gère, ne permettait pas de doute sur son sexe) qui, au
moment où je me disposais à sortir, m'offre deux roses,
en me disant de sa petite voix flûtée : « *Bakchis ia
Kaouaga! — Un cadeau, oh monsieur!* » Puis il me
conduit vers sa mère qui d'une distance de quatre ou
cinq pas me demande : « Es-tu docteur? » — « Non,
pourquoi? » répondis-je. — Elle se leva et me conduisit
vers quelque chose d'informe, abrité des rayons du soleil par une planche reposant sur deux pans de mur. Un
pauvre petit esclave était là, assis, les genoux cassés et
enveloppés de guenilles.

« Cette pauvre petite créature n'avait reçu les soins
d'aucun médecin; elle était tellement affaiblie, qu'elle ne
pouvait presque plus se faire entendre. A peine put-elle
sourire et me remercier d'un doux et triste regard, de

la pièce blanche que je mis dans sa petite main dé-
charnée.

« Au premier abord, j'avais vu dans cet enfant le fils
de la femme que j'avais devant moi ; il n'en était rien :
elle me dit naïvement que c'était son esclave, qu'elle
l'avait payé cent dix talaris, de l'autre côté de la mer
(rivage Abyssinien), mais qu'elle avait fait là *une mau-*
vaise affaire. En vain je la priai de vouloir bien mettre
ce malheureux être à l'ombre des orangers ; elle ne
daigna pas y consentir. Il fallut la promesse d'un bon
bakchis pour l'y déterminer.

« Je sortis de là profondément ému, et j'allai à la recherche de mes compagnons que je croyais assis à l'ombre
de la petite forêt de palmiers.

« En arrivant au troisième jardin, j'entendis parler un
italien douteux ; j'entrai et je trouvai ces messieurs installés devant une vraie table, sur laquelle s'étendait une
vraie nappe, et nappe, qui mieux est, d'une *entière blan-*
cheur, comme on le dit ou le chante à l'Opéra-Comique,
dans la langue de M. Planard. O propreté, où vas-tu te
nicher ?

« Un Italien, spéculant sur les visiteurs, est venu s'é-
tablir là avec sa femme et ses enfants. Il est le seul Européen habitant l'oasis, vit de fruits, héberge et nourrit
les rares voyageurs qui se rendent à la fontaine.

« Notre dîner se composa d'*œufs* au plat, d'*œufs* en

omelette, d'*œufs* en salade. La carte des vins se composait de : bière, eau saumâtre à volonté.

« Le pain, qui dans un temps avait dû être frais, était sec; mais humecté d'eau il n'avait rien de désagréable ; notre hôte était du reste amplement approvisionné de biscuits. Un bon café et des masses de cigares complétèrent notre dîner.

« Ces messieurs firent la sieste comme s'ils avaient à digérer un dîner pris au Palais-Royal chez les frères Provençaux ; je crois même qu'ils dormirent mieux, la latitude aidant. Pour moi, qui ne fais pas de sieste, j'allai en éclaireur à la recherche de l'inconnu ; je n'eus pas à le regretter. J'y appris beaucoup de choses : je sus, entre autres, que la position de notre hôte n'était pas tout à fait sans hasards ; il courait même à chaque instant le risque d'être plus ou moins égorgé, d'où il suit, qu'à bien prendre, sa vie n'est pas aussi tranquille qu'elle en a l'air.

« Aux environs des oasis, vivent des tribus de Bédouins nomades, qui n'ont d'autre industrie que de détrousser proprement les voyageurs et les caravanes. Parmi ces tribus, soit jalousie de métier, soit toute autre cause également honnête, plusieurs sont ennemies depuis plus d'un siècle, et il leur arrive de se rencontrer parfois dans leurs pérégrinations. Alors on en vient toujours aux mains; c'est ce qui arriva il y a quelques années, non loin des fontaines de Moïse.

« Un Arabe, étranger aux parties belligérantes, courut à Suez avertir l'autorité qui, cette fois-là, s'empressa d'accourir. La tribu vaincue était en fuite ; — les morts étaient enterrés ; — les vainqueurs fumaient en paix, et rien ne trahissait une défaite ou une victoire. Malheur à celui qui aurait, en ce cas, le courage de dire quelque chose ou d'indiquer les inhumations ! Il paierait son indiscrétion de sa vie, un jour ou l'autre.

« Je pousse jusqu'au bout mon exploration. Me voici dans le plus beau des jardins de l'oasis ; je pourrais me croire dans le parc du château de la *Belle au bois dormant;* tout sommeille autour de moi. Ma première rencontre est un noir, dormant au pied d'un palmier ; plus loin une négresse et un Arabe ronflant à qui mieux mieux sous une charmille grillagée. Oh ! que Jean La Fontaine, qui trouvait si bon de dormir, eût bien fait ici sa partie !

« Plus j'avance, plus la végétation paraît luxuriante ; c'est à tel point que j'en éprouve un sentiment de fraîcheur ; c'était presque le *frigus opacum* de Virgile. Au fond d'une allée d'orangers se trouve une autre maison également en terre, mais enduite d'une couche de chaux qui lui donne quelque chose de civilisé. A travers un volet mal fermé, je remarque un homme porteur du costume syrien et d'une figure assez blanche pour me permettre de le supposer étranger au pays qu'il habite en ce moment. Un instant après, je découvre une jeune fille d'une blancheur de lait, — ou de lis, si la comparaison vous plaît davantage; — (j'insiste sur la blancheur, le jaune étant ici la couleur locale); donc, mon jeune lis était habillé à l'européenne d'une robe de mousseline blanche à points roses. Pour le coup, c'était une énigme et cela tournait aux Mille et une nuits; j'entrai bravement, au risque de me faire casser la tête par un eunuque. Je me trouvai en présence d'un homme d'un certain âge, occupé à écrire, et entouré d'une masse de livres manuscrits. Dès qu'il me vit, il quitta sa plume et vint me prendre par la main. Il voulut connaître d'abord quelle était ma nationalité, afin de savoir si nous allions nous comprendre. Sur ma réponse, il frappa trois fois dans ses mains et je vis apparaître la jeune fille, qui vint gracieusement me déposer un semblant de baiser sur la main : c'est ici le salut de l'hospitalité. Pauvre enfant ! à peine a-t-elle dix ans, mais on lui en donnerait aisément quinze en jugeant de son âge par ses formes aussi accomplies que gracieuses.

« Son teint d'un blanc mat, sa taille déjà flexible, la nonchalance de ses mouvements, la feraient prendre pour une de ces ravissantes et douces créoles qu'on rencontre à l'Ile-Bourbon ou à la Martinique. Quelle charmante figure et surtout quels beaux yeux et quel beau regard ! *Oculi tui columbarum ; quam pulchra es amica !* Je voudrais me rappeler tout entier le verset du saint cantique, j'aimerais à en saluer ma nouvelle connaissance; elle me semble entourée de ce baume de candeur et d'innocence qu'exhale le lis de la vallée biblique. Elle est heureuse avec son père et sa négresse; jouant libre et tranquille dans son jardin comme une jeune gazelle,

> Sans craindre de voir dans l'ombre
> Du bois sombre
> Des yeux s'allumer soudain.

« Je suppose qu'elle n'a plus sa mère; je n'ai pas osé la questionner à ce sujet, de peur de rouvrir une plaie du cœur. D'une poitrine extrêmement délicate, les médecins ont fait à son père une loi de conservation pour elle d'habiter un pays sec et chaud, et le pauvre père, dont elle est l'unique et précieuse enfant, est venu se renfermer avec son trésor à l'oasis de Moïse, où il trouve, réunie aux agréments d'une riche végétation, la double condition que lui prescrit la médecine. Son occupation est l'étude; il fait lui-même l'éducation de sa fille et paraît heureux de ses progrès. Ce solitaire connaît admirablement l'histoire du percement de l'Isthme de Suez, dont il a suivi les travaux avec autant d'attention que d'intérêt.

« Après une assez longue conversation, l'esclave apporte l'inévitable café. La jeune fille réunit quelques fleurs de son jardin en bouquet et vient me les offrir avec une grâce toute enfantine.

« Mais le proverbe dit : « Il n'est si bonne compagnie qu'il ne faille quitter ; » et il fallut me séparer de mes nouveaux amis, en promettant bien de revenir une autre fois et de passer quelques jours auprès d'eux.

« Enchanté de ma découverte et plein du souvenir que j'en emportais, je retournai bien vite chez notre hôte, craignant fort que mes amis ne fussent partis pour la fontaine sans m'attendre.

« Quel ne fut pas mon étonnement de trouver tout le monde dormant d'un profond sommeil ! Décidément, c'est ici le royaume de Morphée ; heureux empire où le temps se dispense en deux parts :

L'une à dormir et l'autre à ne rien faire.

« En voyant toutes ces figures si béatifiquement calmes, je suis tout prêt à le reconnaître avec Berchoux :

L'homme le plus heureux
Sera partout celui qui dort le mieux.

« Je sonnai un réveil qui ne fut pas accueilli sans quelques légers murmures ; on bâilla beaucoup, on s'étira nonchalamment, mais on ne se leva pas tout d'abord. Ces messieurs se trouvaient si bien, qu'ils tinrent conseil horizontalement sur la question de savoir si l'on ne coucherait pas en ces lieux. « Seigneur, nous sommes bien ici, dressons-y nos tentes. » Je ne me prêtai point, pour ma part, à une délibération empreinte d'un aussi honteux sybaritisme, et à défaut du bouclier enchanté au moyen duquel les compagnons de Renaud l'arrachèrent aux jardins d'Armide, je me mis à faire un bruit infernal, à la manière de celui dont on se servait autrefois dans les évocations pour faire tomber la lune sur la terre. Pas moyen d'y résister ! Il fallut bien se résoudre à aller à Aïn-Moussa ; c'est ainsi que les Arabes appellent la fontaine.

« En sortant, nous passâmes devant la cabane d'un Arabe qui nous avait offert le café le matin ; nous avions promis de revenir, car refuser le café chez un Arabe est un manque de savoir-vivre dont nous n'étions pas capables. Nous fîmes donc halte ; pour peu que nous soyons obligés d'en faire d'autres, il nous faudra évidemment coucher.

« En voyant l'empressement de ces pauvres gens à nous offrir la seule chose qu'ils pussent offrir à des Européens, je ne pouvais m'empêcher d'être touché de cette réminiscence des mœurs patriarcales ; mais, hélas ! nous devions bientôt reconnaître que cet empressement n'était pas aussi désintéressé que nous nous plaisions à le supposer. Une jeune fille de quinze ans, aux traits fins et réguliers, au teint citron, mais à la figure saupoudrée de dartres, nous servit sans gaucherie plusieurs tasses d'un liquide qui n'était pas sans apparence de café. Le père en partagea une tasse avec son fils, garçon de sept ou huit ans, dont la vive intelligence nous enchanta. La mère était occupée à moudre du blé pour le pain du lendemain. Un charmant petit enfant dormait étendu par terre. C'était un tableau d'intérieur digne du pinceau de Greuse.

« Par moment j'écartais avec mon ombrelle ployée les nuées de mouches qui s'acharnaient aux yeux du bambin. Le père me remerciait chaque fois par ces mots : « Dieu augmente ton bien, ô monsieur. » Mais il se serait bien gardé de se déranger le moins du monde pour faire ce que je faisais.

« Après avoir donné un bakchis à la jeune fille et au petit garçon, nous nous levâmes pour sortir ; mais le père nous retint avec solennité. C'était pour nous faire observer que tout le monde autour de lui avait eu son bakchis, et que lui, maître de la maison, n'avait rien reçu en souvenir de notre visite.

« Nous fîmes droit à l'observation, en payant une quatrième fois ce que nous avions payé dès la première beaucoup au-dessus de sa valeur, et comme il était un peu tard pour *jurer qu'on ne nous y prendrait plus,* nous nous tînmes pour avertis sans rien jurer du tout, ce qui est habituellement le plus sage.

« De la porte même de la case que nous quittions, nous aperçûmes le grand palmier de la fontaine ; dix minutes de chemin, à peine, nous en séparaient encore. Cette vue ranima notre ardeur, et nous ne fîmes qu'une enjambée pour y arriver. Chose remarquable, cette fontaine célèbre se trouve sur un monticule de sable. C'est un mince filet d'eau, pouvant donner environ trois ou quatre litres par minutes. Il faut regarder de bien près pour voir la source qui décrit une petite circonférence semblable à une goutte d'eau en ébullition. Les sables environnants ont une teinte d'humidité qui fait supposer qu'au moyen d'un puits artésien, on ne serait pas longtemps à découvrir une couche d'eau douce dans un rayon de quinze à vingt kilomètres. L'eau qu'on boit ici est bien un peu saumâtre ; mais elle suffit à faire jaillir une végétation qui, par sa puissance, n'a de rivale qu'aux Indes ou au Brésil, et pourra plus tard largement approvisionner Suez et faire, des sables d'aujourd'hui, un inépuisable jardin maraîcher. Au retour je constate que nous sommes tous possesseurs d'un souvenir d'Aïn-Moussa : l'un a des roses, l'autre une branche de palmier ; le dernier, enfin, un litre rempli d'eau puisée à la source qu'à consacrée le grand nom de Moïse.

« Nos horloges ne vont pas de même : la vôtre à Paris ne doit pas marquer beaucoup plus de midi et vous êtes patriarcalement à table ; ici il est trois heures et il nous faut songer à profiter de la marée pour retourner à Suez.

« Nous nous élançons au rivage au pas de course. Pour varier nos modes de locomotion et ne pas retourner à bord par le véhicule qui nous transporta à terre, chacun de nous fait porter ses effets par les Arabes et nous nous jetons à la mer sans plus de cérémonie. Tout le monde serait arrivé sur le bateau exempt d'avaries, si l'un des nageurs ne se fût coupé le pied sur un coquillage, en prenant pied pour embarquer.

« Pendant que les matelots mettent l'embarcation à flot, on procède aux toilettes. L'un tord son pantalon; mon voisin de droite constate sans s'en émouvoir la dispa- rition d'une de ses bottines devenue la proie des flots ; je dis, sans *s'émouvoir*, car nous respirons à peine; parler est un vrai travail et une émotion quelconque serait au- dessus de nos forces : la chaleur est affreuse, nous étouf- fons, mais en silence et sans avoir même le courage de nous en plaindre. O bienheureux Arabes, qui n'êtes pas encore assez civilisés pour emprisonner vos membres dans ces étuis de parapluie qui nous servent de pantalons ! Vous ne connaissez pas votre bonheur !

« Il n'eût tenu qu'à moi cependant de souffrir un peu moins que ceux de mes amis nouvellement arrivés d'Eu- rope et dont je partage bêtement le supplice ; mais, non, c'est volontairement et en toute connaissance de cause, c'est-à-dire, sachant parfaitement à quoi m'en tenir sur les procédés que nous avions à attendre du climat et du soleil, que je me suis vêtu à l'européenne en vrai mouton de Panurge; il m'en a cuit, je vous l'affirme.

« Je ne nie point que les Parisiens n'aient étudié la température du boulevard de Gand et ne s'habillent rationnellement en conséquence, mais ce que je crois avoir le droit de nier, c'est que la température du boulevard de Gand soit celle de Suez et de la mer Rouge. Et comme d'autre part les opinions sont libres, j'ose soutenir très-haut et dans toute l'indépendance de ma pensée que les Arabes connaissent mieux la manière de se vêtir à Suez, que ne peut la connaître le plus habile confectionneur de la rue Richelieu, fût-il vingt fois breveté *s. g. d. g.*

« Affranchis du joug des tailleurs, nos Arabes n'ont jamais à en payer les notes; c'est un cauchemar qui ne trouble certainement point le sommeil de nos hommes de bord; et il me semble difficile qu'ils puissent trouver un costume plus simple et moins coûteux que le *pagne*, ou pantalon qui compose leur *unique* vêtement; pour complément pas le moindre faux-col, pas le moindre cigare à leurs lèvres. S'ils en doivent le dessin à Mahomet, le prophète fit peu de frais d'imagination, mais il fut sage de ne se préoccuper que du climat.

« Nous voici de nouveau en mer. Celle-ci est d'un calme désespérant, unie comme un miroir. Notre occupation se réduit, pour le moment, à regarder les coquillages variés et les éponges que la transparence du flot nous permet d'apercevoir au fond de l'eau. Nos marins reprennent nonchalamment leurs avirons et leur interminable chanson du matin. Si nous filons toujours comme en ce moment, nous courons grand risque de nous passer de souper et nous ne sommes pas absolument sans chances d'arriver à Suez dans deux ou trois jours ! — Il est cinq heures du soir.

« Cependant les nuages ont l'air de vouloir marcher un tant soit peu du nord au sud ; la fumée d'un bateau à vapeur que nous apercevons de très-loin, nous confirme dans cette souriante prévision : un éclair de joie passe sur nos figures. Mais à quoi nous servirait le vent s'il vient du nord ? Nous l'aurons complétement debout. L'immobilité est tellement antipathique au marin qu'il appelle toujours le vent, le vent dût-il lui être contraire et ne lui apporter que des dangers et des peines. — Borée vient enfin de rider la mer. Vite on largue la voile. Peu à peu, ce vent qui n'était d'abord qu'un agréable zéphir, fraîchit d'une manière désagréablement inquiétante.

« L'embarcation marche bien ; mais l'Arabe qui est au gouvernail ne nous semble guère plus habile marin qu'un jardinier de la Basse-Egypte.

« Nous courons bordée ; c'est tout ce qu'il nous est possible de faire avec un vent aussi contraire. — La nuit

8

arrive à grands pas; deux énormes caisses flottantes vues en haute mer, nous indiquent qu'un navire chassé par le mauvais temps, s'est défait d'une partie de son chargement.

« La mer devient sinistre et change de couleur; de bleu d'azur qu'elle était une heure auparavant, elle devient gris de cendre. De temps en temps des rafales de vent égratignent sa surface et laissent briller trois ou quatre raies d'écume, comme si une main furieuse mais invisible la frappait de coups de verges. En ce moment, retentit un long sifflement accompagné d'une majestueuse terreur. — L'embarcation semble frémir — la voile est gonflée à se rompre — la proue s'enfonce dans la mer, et la creuse comme ferait un énorme soc de charrue. Plus nous avançons, plus le vent fraîchit; notre boutre file comme une flèche; ses flancs sont couverts d'écume; on dirait un cheval tout fumant de sa course; il incline tellement à tribord, que ne pouvant nous maintenir sur une pente de quarante-cinq degrés, nous roulons les uns sur les autres; la mer nous offre l'image de montagnes bondissantes entrecoupées de profondes vallées.

« Tantôt nous sommes au sommet d'une lame d'écume blanche comme la neige : un instant après nous descendons avec une effrayante rapidité pour remonter, descendre et remonter encore. Notre seconde bordée nous apprend que grâce à l'entêtement de l'Arabe qui tenait le gouvernail nous n'étions qu'à cent mètres de hauteur du point de départ de la première.

« Pour comble de malheur, nous distinguons l'écume des brisants à quinze mètres de l'avant.

« C'en est fait de notre embarcation et de nous, qui pis est, s'il nous arrive d'en effleurer un.

« La Providence semble nous conduire ; elle seule, en effet, pouvait nous faire passer, comme nous en avons la chance, entre deux bancs présentant tout juste la place pour passer ! Un de nos amis, en Egypte depuis quinze jours seulement, voyant l'écueil franchi avec bonheur, me reproche l'injustice de mes préventions à l'endroit de la science nautique des Arabes. Une petite discussion s'engage à cet égard. Je venais à peine de lui répondre : « Votre grande confiance sera trompée », que j'aperçois et signale moi-même une large lame d'écume à notre beaupré. — Sans le coup d'œil et la promptitude d'évolution qui distinguent M. D... nous étions tous perdus. Cette fois nous avions un commandant pour *tout de bon* ; sauter à la barre et faire virer de bord, lof pour lof, notre embarcation, fut pour lui l'affaire d'une seconde et cette seconde nous sauva. On crut alors prudent de mettre un homme à l'avant pour veiller, mais soit lassitude, soit qu'il eût mauvaise vue, il ne nous servait à rien. Il y avait à peu près dix minutes que nous étions sortis de ce mauvais pas, nous marchions d'une vitesse acquise d'au moins 8 nœuds, quand une affreuse secousse nous précipita tous de l'arrière à l'avant. Au bruit rauque que rendit la quille, chacun comprit que nous venions de toucher. Désobligeante position, on en conviendra, sans fanal et par une nuit atrocement noire ! La voile à chaque instant menaçait d'être déchirée et ce qui n'ajoutait pas peu à notre inquiétude, c'est que nous venions de nous apercevoir que l'écoute qui soutenait la vergue était complétement pourrie. Or la chute de la vergue pouvait nous faire chavirer ou nous tuer du monde, bien que ce dernier cas fût peu probable. L'embarcation était jetée de tribord à babord avec une incroyable fureur, par la force des lames sous lesquelles nous étions littéralement ensevelis ; nous nous attendions à chaque instant à la voir se briser. Cependant, malgré la grandeur du danger apparent, il l'était moins que nous ne l'avions jugé d'abord, en ce que nous étions sur du sable. A force de travail, de patience, et toutes nos épaules aidant, nous parvînmes à renflouer le boutre, qui recommença sa périlleuse course. — Cette fois les Arabes semblent mieux obéir. Nous sommes entourés de montagnes liquides toujours prêtes à nous engloutir.

« Grâce à l'habile rapidité avec laquelle M. D... jette notre embarcation de côté, nous échappons au choc ; la montagne s'abaisse, elle bouillonne au-dessous de nous et se relevant comme un Titan elle nous prend sur ses gigantesques épaules pour nous élever avec elle à son plus haut sommet.

« Durant quatre mortelles heures, — où chacun eut sa part égale de fatigue, — nous reçûmes chaque lame sur le dos ou en pleine figure. Nous trouvions l'exercice infiniment trop prolongé. A neuf heures et demie, nous aperçumes le phare flottant qui indique aux navires venant de l'Inde la route qu'il faut tenir pour éviter les quelques brisants qui sont disséminés dans l'immense rade de Suez.

« A dix heures nous abordâmes le *Cambodje* des Messageries impériales où nous devions recevoir de la part de l'Etat-major la plus aimable, la plus cordiale hospitalité.

« Exténués de fatigues et d'émotions de toutes sortes, couverts de sable, trempés jusqu'aux os, nous avions grand besoin d'un brin de toilette; c'est à quoi chacun de nous procéda.

« Nous n'avions pas un moindre besoin de reconfort. Nous étions entre bonnes mains à cet égard! Messieurs les officiers des Messageries impériales en général, et ceux du Cambodge en particulier, ne font rien à demi; nous allions l'apprendre, si nous avions pu l'ignorer. Au sortir des cabines qu'on avait bien voulu mettre à notre disposition, nous nous trouvâmes en présence d'une table aussi riante que l'était peu la mer à laquelle nous venions d'échapper; sur cette table fumaient en confondant leurs parfums un abondant vin chaud, du thé exquis, du café d'Arabie, le tout flanqué de biscuits et de délicieux cigares.

« La courtoisie avec laquelle la collation était offerte en centuplait le charme. On voulait à toute force nous faire coucher; la mer grosse comme elle l'était, inquiétait ces messieurs pour nous. On ne consentit toutefois à notre départ qu'à la condition qu'il s'effectuerait dans le canot-major monté par huit hommes et un maître d'équipage.

« Messieurs les officiers du *Cambodje* épuisèrent à notre égard l'obligeance la plus gracieuse; nous en emportâmes un souvenir qui ne laissera s'affaiblir chez aucun de nous la vive gratitude qu'elle nous inspira.

« Le lendemain de notre orage fut très-beau et sembla prendre à tâche de nous dédommager de nos misères de la veille.

> Ainsi en est-il en ce monde ;
> Nos jours filés de toutes soies
> Ont des ennuis comme des joies.

« Depuis que Malherbe disait cela, les choses n'ont pas changé. »

CHEMINS DE FER ÉGYPTIENS

LIGNES DE LA BASSE-ÉGYPTE.

1. D'ALEXANDRIE AU CAIRE.
(*130 milles*) (1).

Départs d'Alexandrie : 8 h. matin (*express*); 9 h. 40 m. matin et 2 h. 40 m. soir (*omnibus*).

Arrivées au Caire : midi 30 m.; 4 h. 30 m. et 8 h. 25 m. soir.

Départs du Caire : 8 h. matin (*express*); 9 h. 30 m. matin et 2 h. 30 m. soir (*omnibus*).

---

(1) Le mille employé dans l'administration des chemins de fer égyptiens est le mille anglais qui vaut 1609 mètres. Les prix des 1res classes sont calculés à raison de 20 centimes par mille.

Arrivées à Alexandrie : midi 30 m., 4 h. 20 m. et 8 h. 15 m. soir.

Buffet à *Kafr-Zayat*, point central de la ligne. Les arrêts y sont respectivement de 15 m., de 20 m. et par le dernier train de 15 m.

---

2. D'ALEXANDRIE A SUEZ.

Par Zagazig et Ismaïlia (224 milles).

Départ d'Alexandrie, 8 h. matin
Arrivée à Zagazig (*buffet*), 1 h. 30 m.; arrêt, 30 m.
Arrivée à Ismaïlia, 4 h. 1 m.; arrêt, 5 m.
Arrivée à Suez, 7 h. soir.

Départ de Suez, 8 h. matin.
Arrivée à Ismaïlia, 10 h. 55 m.; arrêt, 5 m.
Arrivée à Zagazig (*buffet*), 1 h. 27 m.; arrêt, 30 m.
Arrivée à Alexandrie, 8 h. 15 m. soir.

---

3. DU CAIRE A SUEZ.

Par Zagazig et Ismaïlia (150 milles et demi).

Départ du Caire, 9 h. matin.
Arrivée à Zagazig (*buffet*), midi 30 m.; arrêt, 1 h.

Le reste du trajet comme pour la ligne n° 2.

Départ de Suez, 8 h. matin.
Arrivée à Zagazig (*buffet*), 1 h. 27 m.; arrêt, 28 m.
Arrivée au Caire, 5 h. 25 m. soir.

4. DU CAIRE A MANSOURAH.

Par Bulbeïs et Zagazig (96 milles).

Départ du Caire, 9 h. matin.
Arrivée à Zagazig (*buffet*), midi 30 m.; arrêt, 1 h. 40 m.
Arrivée à Mansourah, 5 h. 7 m. soir.

Départ de Mansourah, 9 h. 30 m. matin.
Arrivée à Zagazig (*buffet*), midi 27 m.; arrêt, 1 h. 28 m.
Arrivée au Caire, 5 h. 25 m. soir.

5. DE TALKA A CHIBIN EL KOM.

Par Mahallet-Roh et Tantah (50 milles trois quarts)

Départ de Talka, 8 h. 10 m. matin.
Arrivée à Mahallet-Roh, 9 h. 38 m.; arrêt, 13 m.
Arrivée à Tantah, 10 h. 20 m.; arrêt, 28 m.
Arrivée à Chibîn el Kom, 11 h. 53 m. matin.

Départ de Chibîn el Kom, midi 43 m.
Arrivée à Tantah, 1 h. 48 m.; arrêt, 17 m.
Arrivée à Mahallet-Roh, 2 h. 34 m.; arrêt, 10 m.
Arrivée à Talka, 4 h. 12 m. soir.

Nota. — Les voyageurs de Talka et de Chibîn pour Alexandrie et le Caire, et *vice versa*, changent de voiture à Tantah.

6. DE ZIFTÉ A MAHALLET-ROH.

(23 milles).

Départ de Zifté, 8 h. matin.
Arrivée à Mahallet-Roh, 9 h. 35 m.

Départ de Mahallet-Roh, 3 h. 5 m. soir.
Arrivée à Zifté, 4 h. 35 m.

Nota. — Les voyageurs de Zifté pour Alexandrie et le Caire, et *vice versa*, changent de voiture à Mahallet-Roh et à Tantah.

7. DE DESSOUK A MAHALLET-ROH.

(*35 milles et demi*).

Départ de Dessouk, 7 h. 20 m. matin.
Arrivée à Mahallet-Roh, 9 h. 35 m.

———

Départ de Mahallet-Roh, 3 h. 10 m. soir.
Arrivée à Dessouk, 5 h. 25 m. soir.

Nota. — Les voyageurs de Dessouk pour le Caire et Alexandrie, et *vice versa*, changent de voiture à Mahallet-Roh et à Tantah.

———

8. DU CAIRE AU BARRAGE DU NIL.

(*15 milles*)

Service les lundi, jeudi et samedi de chaque semaine.

Départ du Caire, 8 h. 30 m. matin.
Arrivée au Barrage, 9 h. 30 m.

———

Départ du Barrage, midi 30 m.
Arrivée au Caire 1 h. 30 m.

LIGNES DE LA HAUTE ÉGYPTE.

9. DE GHISEH A MINIEH.

(144 milles).

Départ de Ghizeh, 8 h. 30 m. matin.
Arrivée à Ouasta (embranchement pour le Fayoum), 10 h.
30 m.; arrêt, 15 m.
Arrivée à Benissouëf, midi; arrêt, 30 m.
Arrivée à Minieh, 5 h. soir.

Départ de Minieh, 8 h. 30 m. matin.
Arrivée à Bénissouëf, midi 30 m.; arrêt, 30 m.
Arrivée à Ouasta, 2 h. 15 m.; arrêt, 15 m.
Arrivée à Ghizeh, 5 h. soir.

10. LIGNE DU FAYOUM.

(25 milles).

Départ de Ouasta, 3 h. soir.
Arrivée à Médinet el Fayoum, 4 h. 30 m. soir.

Départ de Médinet el Fayoum, 9 h. matin.
Arrivée à Ouasta, 10 h. 30 m.

RÉSUMÉ.

Longueur des lignes en exploitation au 1ᵉʳ janvier 1869.

Lignes de la Basse-Égypte............ 457 milles.
— de la Haute-Égypte .... 169 —

Total..... 626 milles.

Correspondant à 1007 kilomètres.

TABLEAU

DES POIDS & MESURES

DE L'ÉGYPTE

I.

MESURES DE LONGUEUR.

Bien que l'usage du mètre se répande de plus en plus dans les grandes villes, les mesures suivantes sont encore employées, savoir :

Le *deraa Nili* ou la coudée du Nil, exclusivement réservée aujourd'hui à la mesure des crues du fleuve dans le nilomètre du Caire ; elle vaut 0^m,5245.

Le *deraa beledi* ou la coudée indigène, servant à mesurer les nattes et les tissus du pays ; elle est d'un douzième plus longue que la précédente, ce qui la fait égale à 0^m,5682.

Le *deraa hendazeh*, qui sert à mesurer les indiennes et les toiles d'Europe : 100 *deraa Nili* font 81 *hendazeh*; il en résulte qu'un *hendazeh* vaut 0^m,6476.

Le *deraa Stambouli* ou l'archine de Constantinople, servant spécialement pour la mesure des draps; sa valeur est de 0^m,6691.

Enfin le *deraa meïmari* ou pic de construction, qui est employé dans les travaux de bâtiment. Sa longueur a été fixée, il n'y a pas bien longtemps, à 0^m 75.

Chacune de ces mesures se divise en vingt-quatre parties, appelées *kirat*. Ce mot, en arabe, signifie littéralement la première phalange du pouce ; mais appliqué au système métrique égyptien, il exprime généralement la vingt-quatrième partie d'un entier.

————

Les mesures itinéraires le plus en usage, sont :

Le *mili* ou mille, de 60 au degré ;

La lieue ou *farsak*, qui vaut 3 milles ;

L'étape ou *barid*, qui vaut 4 lieues ;

Et la journée de marche ou *safar yom*, qui vaut 2 étapes ou 24 milles.

————

Dans l'arpentage, les Egyptiens se servent d'une canne en roseau ou *kassaba*, qui vaut 3^m 55.

Le *kassaba* se divise en 24 palmes ou *kabda*.

II.

MESURES DE SUPERFICIE.

Elles ont pour bases le *pic* de construction et le *kassaba*.

Le *pic superficiel* vaut 0,5625 mètres carrés.

Le *kassaba superficiel* vaut 12,6025 mètres carrés.

1000 *kassabas superficiels* font 3 *feddans* ou arpents égyptiens; il s'ensuit qu'un *feddan* vaut 4200,83 mètres carrés ou à peu près 42 ares.

Le *feddan* se divise en 24 *kirat*.

III.

MESURES DE CAPACITÉ.

L'*ardeb* ou l'artabe se divise en 6 *ouebeh*, — 12 *kéleh*, — 24 *roubah*, — 48 *melouah* et 96 *keuddah*.

L'*ardeb* est le volume d'un cube dont le côté a une longueur égale à un *deraa beledi ;* sa valeur revient ainsi à litres 183,4760.

Le *roubah*, vingt-quatrième partie de l'ardeb, vaut litres 7,6448.

Dans la Haute-Egypte, l'ardeb se divise en 8 *mid*, 24 *roubah* et 32 *roftaou*.

Entre Kéneh et Assouan, l'ardeb est un peu plus grand ; il contient 26 *roubah* au lieu de 24, ce qui représente litres 198,7657.

Le *darib* ou ardeb de riz diffère également de l'ardeb ordinaire ; à Rosette, il vaut 29 *roubah*, soit litres 221,7002 ; et à Damiette, 42 *roubah*, soit : litres 321,0831.

———

La *kirbeh* ou peau de bouc dont font usage les porteurs

d'eau, est évaluée à un quinzième de mètre cube, soit à litres 66,67.

IV.

POIDS.

Le *kantar* ou quintal égyptien se divise en 100 *rotl* et en 36 *okes ;* il vaut 120 livres troy impériales anglaises, soit en poids français kilogr. 44,7715.

L'*oke* se divise en 400 *derhem* ou drachmes, et vaut 1243^{gr} 6533.

Le *rotl* contient 144 *derhem ;* il se divise en 12 *okieh* ou onces, et vaut 447^{gr}7152.

L'*okieh* se divise en 8 *mitkal*, — le *mitkal* en 24 *kirat*, — et le *kirat* en 4 *kamha* ou grains.

Le *mitkal* et le *kirat* servent à peser les matières pré-cieuses ; la valeur du *kirat* est de 0^{gr} 1943 ; elle diffère assez peu du *karat* des bijoutiers français, qui est de 0^{gr}2055, ou seulement un vingtième plus forte.

Outre le *kantar* ordinaire de 100 *rotl*, le commerce égyptien emploie encore :

Pour le poivre, un *kantar* de 102 *rotl* ou 45^k 6669.

Pour le café, — de 108 — 48^k 3532.

Pour les gommes, — de 150 — 67^k 1573.

Pour le coton brut, — de 315 — 144^k 0303.

Ce dernier poids représente la quantité de matière à mettre en œuvre dans la machine à égrener pour en retirer 100 *rotl* de soie de coton. L'excédant de 215 *rotl* représente la proportion de la graine dans le poids brut.

V.

SYSTÈME MONÉTAIRE.

L'unité de mesure pour les monnaies est la *piastre*. Sa valeur, d'après le tarif légal est de 26 centimes, soit à peu près celle du *réal* espagnol. Elle se divise en 40 *paras* ou *fadda*. Ces deux mots, dont le premier est turc et l'autre arabe, signifient littéralement argent. On frappe en Egypte des pièces de 5, 10 et 20 paras ; des pièces d'argent de 5, 10 et 20 piastres ; enfin des pièces d'or de 50 et 100 piastres.

Voici les titres, poids et valeurs de toutes ces monnaies :

DÉSIGNATION.	POIDS LÉGAL		VALEUR
	KIRAT	GRAMMES.	EN FRANCS.
PIÈCES D'OR (TITRE 21 KIRAT)			
Guinée, valeur 100 piastres.	44 1/6	8 5825	25 923
Demi-guinée, valeur 50 d°	22 1/12	4 2912	12 962
—			
PIÈCES D'ARGENT (TITRE 20 KIRAT)			
Talari, valeur 20 piastres..	144	27 9822	5 185
Demi-talari, valeur 10 d°	72	13 9911	2 592
Quart de talari, valr 5 d°	36	6 9955	1 296
—			
PETITE MONNAIE D'ARGENT (TITRE 18 KIRAT)			
Piastre ou *ghirch*...........	7	1 3602	0 259
Demi-piastre............	3 1/2	0 6801	0 130
Quart de piastre.........	1 3/4	0 3400	0 065
—			VALEUR nominale.
MONNAIE DE BILLON			
Pièce de 20 paras........	134	26 0390	0 130
D° 10 d°.........	67	13 0195	0 065
D° 5 d°,.........	33 1/2	6 5097	0 032

Au lieu de la piastre au tarif dont il vient d'être question, on emploie souvent dans le commerce une monnaie de convention, appelée piastre courante, dont la valeur change souvent d'une année à l'autre. Elle vaut aujourd'hui 13 centimes, c'est-à-dire qu'il faut 200 piastres courantes pour faire 100 piastres au tarif.

Enfin, dans les comptes de finances, d'héritage et autres, on fait encore usage des unités suivantes ;

La Bourse ou *kiss*, dont la valeur est de 500 piastres, ou 129ᶠ 62.

Et le Trésor ou *khasneh*, qui vaut 1000 Bourses ou 129620ᶠ 00.

VI.

DIVISIONS DU TEMPS.

La journée se divise, comme chez nous, en vingt-quatre heures, ou plutôt en deux périodes de douze heures ; mais contrairement à nos usages, elle commence au coucher du soleil, *magreb* ; les horloges du pays marquent alors 12 heures. — Sous le parallèle du Caire, ce moment, d'après notre manière de compter, correspond à

7 heures en été, à 5 heures en hiver et à 6 heures aux équinoxes. Cela représente un écart de 2 heures en six mois, soit une variation quotidienne de quelques minutes, d'où il résulte que les montres doivent être réglées, pour ainsi dire, au jour le jour.

Les autres moments importants de la journée en Egypte sont ceux que le Coran consacre à la prière ; ils ont été déterminés par des circonstances astronomiques dont il nous semble utile de faire mention, parce qu'elles sont peu connues.

L'*échah* ou crépuscule, qui tombe une heure un quart environ après le *magreb*, est le moment où le soleil s'est abaissé de 17° au-dessous de l'horizon occidental.

L'aube ou *fagr*, qui précède d'à peu près une heure et demie le lever du soleil, correspond à une dépression de cet astre de 19° au-dessous de l'horizon oriental.

Le *douhr*, midi, ou le passage du soleil au méridien, annonce la troisième prière de la journée.

L'*asr* correspond au milieu de l'après-midi environ. C'est le moment où l'ombre d'un style vertical est égale à la hauteur du style augmentée de la longueur de son ombre à midi.

La prière du *magreb* est la cinquième et dernière de la journée.

Les Egyptiens font usage de deux sortes d'années

l'année religieuse et l'année civile. La première est basée sur la révolution synodique de la lune; elle se compose de 12 mois qui ont alternativement 29 et 30 jours, ce qui forme un total de 354 jours; elle est donc plus courte de 11 jours que l'année solaire, et il en résulte que les fêtes musulmanes, auxquelles elle sert de point de départ, font le tour des saisons en 33 ans. Ainsi le pèlerinage de la Mecque, qui s'était accompli au cœur de l'été en 1865, l'année du choléra, a eu lieu cette année 44 jours plus tôt, et ne tardera pas à se rencontrer en plein hiver.

Dans la vie pratique, les Egyptiens se servent, comme nous, d'une année de 365 jours un quart, qui est connue sous le nom d'année copte.

Elle se compose de 12 mois de 30 jours et de 5 jours complémentaires auxquels on ajoute un sixième jour tous les quatre ans. Elle commence régulièrement le 10 septembre quand elle est simple, et le 11 quand elle est bissextile. On trouvera, dans le tableau ci-après, pour l'année qui vient de s'ouvrir, la date du commencement de chacun des mois dont elle se compose, ainsi que de ceux du calendrier musulman.

MOIS COPTES.	MOIS ARABES.	COMMENCE LE
1. Thout 1586...	....	10 sept. 1869.
	7. Regheb 1286..	6 octobre.
2. Babech.	....	10 —
	8. Chabân.......	5 novembre.
3. Hatour.......	....	9 —
	9. Ramadân.....	4 décembre.
4. Kiahk.......	....	9 —
	10. Chawâl......	3 janvier 1870.
5. Toubah.......	....	8 —
	11. Zoul kaada....	2 février.
6. Amchir.......	....	7 —
	12. Zoul hegga ...	5 mars.
7. Barmahat.....	....	9 —
	1. Moharrem 1287	2 avril.
8. Barmoudeh...	....	8 —
	2. Safar........	2 mai.
9. Bachans......	....	8 —
	3. Rabi awel	31 —
10. Baona.......	....	7 juin.
	4. Rabi akar. ...	30 —
11. Abib.........	....	7 juillet.
	5 Gammad awel .	29 —
12. Misreh.......	....	6 août.
	6. Gammad akar .	28 —
Jours complément.	....	5 septembre.
Année 1587......	....	10 —

VOCABULAIRE

FRANÇAIS-ÉGYPTIEN

A

A (prépos.), *marque du da-tif,* li.

— (vers), ila.

Ah, ah.

Aie, ahh.

Abandonner, terk.

Abricot, mèchemacha.

Abricots, mèchemache.

Acheter, eschtera.— *Il achète,* eschteri.

Abeille, nàhla; *pl.* nahal (1).

Ablution, oudhou (2).

Abondance, ketsra.

Absent, raïb.

(1) Dahse lascive.

(2) Avant de prier, le Musulman doit faire des ablutions avec de l'eau pure. Ces ablutions consistent à se laver le visage, les mains jusqu'aux coudes, et les pieds ; cela fait, on passe les mains sur les endroits mouillés. Lorsque le Musulman n'a à sa disposition que l'eau nécessaire pour étancher sa soif, il peut se servir de poussière ou de terre sèche dont il enduit sa main,

Absence, riba.

Abraham, Abrahim.

Académie, medràche.

Accident, ard-ouqââ.

Accidentellement, ârdbàne.

Accoucher, ould'ett.

Accouchement, el ouladat.

Accoucheuse, daïa.

Accoutumer (s'), tàoueude.

Accoutumé, maoueude.

Achever, khallaç.

A côté, gameb.

Adieu, temêssa âla khér.

Administrateur, oukil *ou* ouakil.

Affaire, qodhïa.

Affamé, gouâân.

Afin que, hatta-bache.

Agréable, halou *ou* lethif.

Aide, màoune.

Aider, iàoune.

Aigle, néseur.

Aigre, hamed.

Aiguille, eubra ; *pl.* abâri.

Ail, toûme.

Aile, pl. ailes, genàh ; *pl.* genoueuh.

Ailleurs, fi moudha akhor.

Aimer, hàbb.

Air (zéphir), hàouà.

Ajouter, zade.

Alexandrie, Skanndrïa.

Age, aûnire.

Alger, el Gezaïr.

Aliment, maklà.

Aller (s'en), rah.

Allié (parent), naseb.

Alliés (parents), nesbàne.

Allonger, thoûeul.

Allumer, châl.

Allumette, kebrite.

Allumettes, ouqide.

Altéré (être), athêche *ou* alchau.

Alternativement, doûalik.

Altesse, hadhra *ou* effendina.

A lui, lihou.

Amandes, louze.

Amant, mahboub.

Amateur, marroûm.

qu'il promène sur les parties indiquées. Les Musulmans peuvent prier partout, excepté dans une synagogue, dans une église, ou sur une place où il y aurait des ordures. Dans ce cas, ils doivent étendre un tapis ou une natte à l'endroit où ils prient.

Ambre, ânnbeur.
Ame, néfeuss.
Ame, roubh.
Ami (mon), habibi.
Amis, ashab.
Amicalement, bèlmehabba.
Amidon, nèchà.
Amer, meurr.
Amener, ouçoule-ouacel.
Amour, achouq.
Amoureux, âcheuq.
Ample, ouàsâ.
Année, am-senna.
Ancien, qadime.
Ane, hàmar.
Anes, hamir.
Ange, melak.
Anglais, Annglize.
Anneau, hèlga.
Anneaux, helgat.
Annuel, mesànàte.
Apporter, djb ou gib.
Apprendre, tâllem.
Après, bâde.
Après-demain, bâde bûkara.
Arabe, Arbi.
Arabes, Aàreub.
Arabie, Beled-el-ârab.

Arbre, chèdjera *ou* chagaret.
Arbres, achedjar.
Arc (de flèches), qouce.
Arc-en-ciel, quoç el sema.
Argent (métal), foddha.
Argent (monnaie), fèloûss.
Armée, askeur.
Armées, âsàkeur.
Arrêter, ouaqqaf.
Arrhes, arboun.
Arrière, oura *au* khalf.
Arriver, dja ou ga.
Arroser (humecter), sga.
Artichauts, harschuf.
Assassiner, q'têl.
Assez, bess.
Assez (il suffit), ikfi.
Assistance, mâouna.
Asseoir (s'), qaâd
Attacher, r'both.
Attention, balek.
Aube du jour, fedjeur *ou* fegeur.
Aujourd'hui, el-ioum.
Aumóne, çeddága.
Auprès, qrîbe.
Aussi, aidâun.
Autant (1), qadd.

(1) *Autant que moi,* qaddi; — *autant que toi,* quaddek; — *autant que lui,* qaddou.

Automne, kharif.

Autour, haoul.

Autre (1), akhor.

Autruche (2), naâma.

Avant que, qobelma.

Avant-hier, aoûl-ams.

Avare, bâkhil.

Avec (3), bi *ou* bel.

Aveugle, àama.

Aveuglement, âma.

Avoir (verbe). J'ai, andi.

— *Tu as,* andek.

— *Il a,* ândou.

— *Elle a,* ândha.

— *Nous avons,* ând'na.

— *Vous avez,* ândkoume.

— *Ils ou elles ont,* ândhoume.

B

Bague, khatim.

Bagues, khoûatim.

Baguette, âça.

Baigner, astechamma.

Bain, hàmmâme.

Baiser (*un*), boussa.

Baiser (*verbe*), bâss.

Baisser, ouatha.

Balance, mizàne.

Balayage, teu kniss.

Balayer, kneuss.

Balle (*de fusil*), roçaça.

Bananes, mouz.

Banqueroutier, maksour.

Banquier, çarref.

Barbe, làhiah.

(1) Akhra (genre), *pour désigner une autre chose féminine.*
(2) *Plumes d'autruche,* riche el naâma.
(5) *Avec du sucre,* bi-sekhor ; — *avec le livre,* bi-elkétab.

Baril, bermîl.

Barils, beramîls.

Barque, merkeb.

Bassin (à eau), ibriq.

Bataille, hareub.

Bateau (à vapeur) (1), merkeb-el-nar.

Bateleur, âoui.

Batelier, bahari.

Bâtir, benà.

Bâtisse, benaï.

Bâton, chamrouh.

Battre, darab.

Bavard, ketsir-el-kelam.

Beau, khoïs.

Beaucoup, ketsir.

Beauté, zeïn.

Bédouin, Bedaoui.

Bey (2), Beï.

Bénéfice, faïda.

Bénir, barek.

Bénédiction, baraka.

Bénédictions, barakate.

Béni, mebarek.

Besoin (avoir), ahtagé.

Bête, haïouânn.

Beurre frais, zebda.

Beurre salé, semeun.

Bien (adverbe), mlih-taïéb.

Bien (substantif), khér.

Bien (propriété), mâl.

Bienfaisant, marouf-kerime.

Bienveillance, âthifa

Bienveillant, âthif.

Bientôt, an-qarib.

Bienvenu (soyez le), ahlane ou sahlàne.

Bière (boisson), birâ.

Bijou, gôhor.

Bijoutier, çàier.

Billet, tezkhra.

Blanc, biodh ou abiad.

Blanchir (à la chaux), biàda.

Blanchissage, rasîl.

Blanchisseuse, rossàlà.

Blé, gemah.

Blesser, gerâh.

Blessure, djûrah ou gourals.

Bleu, azroq.

Bœuf, tôr.

Boire, cherob.

Bois (à brûler), ahthob.

Boisson, cherob.

Bonjour, sabbàh-el-kheir.

(1) Littéralement, bateau du feu.
(2) Titre qui équivaut au grade de colonel.

Bonsoir, misah-el-kheasr.

Bon (*bien*), mlih-taiéb.

Bon *marché*, rakhiç.

Bonne *heure*, bedri.

Bonnet (*rouge*) (1), tarbouche.

Bonnet (*blanc*) (2), tagîeh.

Bonté,[marouf.

Borgne, aoueur.

Borne hadd.

Bornes, hadoud.

Botte, djezma *ou* gezma.

Borné (*limite*), mehadoude.

Bouche, foûm.

Bouchée, loqma.

Boucher (*fermer*), sedd.

Boucher (*subs.*), djezzar ou gezzar.

Bouchon (*de bouteille*), tabbou.

Boucle, b'zima.

Boucles (*d'oreilles*), hàllag.

Boue, tîn.

Bouffon, khalbouch.

Bougie (*circ*), chemaâ.

Bouilli (*viande*), maslouq.

Bouillir, relà.

Bouillon, meurqa.

Boulanger, khobbaze.

Boulangerie, makhebaza.

Boulet, koulleh.

Bouquet, rabteb el ouard.

Bourgeois, beledi.

Bourreau, djellad *ou* gellad.

Bourse, kis.

Bouteille, quezazah.

Boutique, dokan.

Bouton (*d'habit*), zôzar.

Boyau, mouçran; *pl.* maçarin.

Bracelets *de pied* (3), khul kral.

Bracelets (*de bras*), souar; *pl.* souaràt.

Bras, drâa.

(1) Coiffure nationale de l'Egypte.

(2) Les Arabes mettent sous le tarbouche ou calotte rouge un bonnet en coton de la même forme pour garantir le drap de la suéur.

(3) Les Musulmanes portent des anneaux (pompeusement décorés du nom de bracelets) au-dessus de la cheville du pied. Formés ordinairement d'un cylindre creux, ils sont en or, en argent, ou même en fer, suivant la classe de la société à laquelle appartient celle qui en est parée.

Bras dessus, bras dessous, (1), drâa-fi-drâa.

Brasier, mangâle.

Bretelles, chemar.

Brave, akide.

Bride, ledjame *ou* legâme.

Brigand, harami.

Briller, lamâa.

Brin, aûde.

Brique, toubeh.

Briser, keusseur.

Brodeur, tharaz.

Broderie, tothrise.

Brodé, medjiboude.

Broder, tharaz.

Bronze, n'has àçfar.

Brosser, nazchaf.

Bruit, heuss.

Brûler, haraq.

Brûlure, harqa.

Brûlé, m'harouq.

Brûler d'amour, acheuq.

Buffle, djamousah djamous *ou* gamousah.

Bureau (cabinet), mektel.

Bureau (d'administration), dïouàn.

Buveur, charrab.

Bulletin, tezkra.

Beurnous (2), beurnouss.

C

Cabane, khaïma.

Cabaret, çanieh.

Cabaretier, khamnâr.

Cabinet (petite chambre), bouita.

Cabinet, maqçourà; *pl.* maqaçir.

Câble, ràmanah; *pl.* ràman.

Cacher, khàbba; — *il cache,* ikabbi.

(1) Littéralement, bras dans bras.

(2) Manteau en laine blanche que les Arabes portent en guise de pardessus.

Cacher (se), tekheubba.

Cachet, khatem; *pl.* khaoua- tim.

Cacheter, khatem; — *il ca- chète*, iktûm.

Cachetée (lettre), mektùb ou mektoum.

Cadastre, diouânn el éradat.

Cadeau, hédia *ou* bakchis.

Cadenas, qofel; *pl.* qofla.

Cadi, cadì.

Cadran solaire, sâat-el-chim- mce.

Café (établissement ou liqueur), gàhoua.

Café (en grain), boun.

Cafetier, gahouagi.

Cafetière, boqràrege.

Caille, sumanah; *pl.* semmane.

Cage (en bois), qufeuss; *pl.* aqfaç.

Cahier, defter.

Caillou, haçoua; *pl.* houçâ.

Caire, el-Màçr.

Caisse, çondouq; *pl.* çenadîq.

Caisse (lieu où l'on paie), kheuzna.

Calcul, hisàb.

Calculer, hasabb; — *il compte*, isab.

Calme (de la mer), hadi.

Calmer, hada; — *il calme*, ihaddi.

Calotte, tarbouche.

Camarade, âçhib; — 'açhâb.

Caméléon, herbaïch.

Campagne, çàhra.

Canard, batta; *pl.* batt.

Candélabre, chamâadân.

Candie (île), krît.

Canelle (épice), qorfa.

Canif, matoua.

Canevas, khaïche.

Canne, aça ou gerideh.

Canon, medfà; *pl.* medâfa.

(Charger le canon), dakk-el- medâfâ.

(Tirer le canon), darab-el- medâfâa.

Canot, felouka.

Cantine (de voyageur, de sol- dat), qafasse.

Cape, bournouss ou bas- chliq.

Capitaine (de navire européen), kaptânn.

Capitaine (de navire arabe ou turc), raïs; *pl.* rouësa

Capitaine (de marine mar- chande égyptienne), raïs.

Capital (argent), râss-el-mal (1). | *Caravane*, qaflàh.
Capitale (ville), dâr-el-oulaï. | *Caravansérail* (2) oqéla.
Capote (arabe), abaï. | *Carême* (5), çiam.
Captif, isir ; *pl.* ioussa. | *Caresser*, dàllah ; — *il caresse*,
Capuchon, kaquoula. | idallah.

(1) .Littéralement, tête du bien.

(2) Hôtellerie où les voyageurs trouvent un gîte pour se loger pendant la nuit.

(5) Les Orientaux distinguent deux sortes de jeûnes : le jeûne volontaire et le jeûne obligatoire. Le jeûne volontaire est celui que l'on s'impose, soit par dévotion, soit pour demander à Dieu la réussite d'une affaire temporelle. La femme mariée ne peut jeûner sans la permission de son mari. On sait que chez les Arabes l'hospitalité est un droit sacré ; celui qui la refuserait ferait donc une grave injure au maître de la maison ou de la tente. S'il arrive que celui qui reçoit l'hospitalité a fait vœu de jeûner, il doit en prévenir le chef de famille qui, à son tour, le laisse dans les limites de son vœu. Toutefois, on peut rompre le jeûne pour cause de maladie ou de voyage, en s'imposant néanmoins un autre jour pour cette dévotion. Le Musulman qui manquerait de s'acquitter de cette obligation doit non-seulement remplacer les jours pendant lesquels il n'observe pas le jeûne, mais faire une aumône en grains ou en fruits à un malheureux. Le jeûne obligatoire est celui qui s'accomplit pendant le mois du Ramadan. A l'apparition de la lune annonçant le Ramadan, tout Musulman, homme ou femme, ayant atteint l'âge de puberté, doit se préparer à jeûner. Ce jeûne, soit volontaire ou obligatoire, consiste à ne prendre aucune nourriture, aucune boisson, à s'abstenir de fumer, de priser, depuis le moment du matin où l'on peut distinguer un fil blanc d'un fil noir jusqu'après le coucher du soleil. Les personnes à qui le jeûne serait nuisible, peuvent le rompre, mais à la charge par elles de remplacer plus tard les jours pendant lesquels elles n'auraient pas observé le jeûne (1).

(1) Voir ce que dit Mahomet, dans la traduction du Coran, par M. Kasimirski, chapitre 11, verset 181.

Carnage, qatel.

Carotte, gazzer.

Carré, m'rebba.

Cartes (à jouer), ouaraq-el-qe-mar.

Carte (géographique), hàrta.

Cartouche, aoûmar *ou* baroud.

Cassé, maksour.

Casser, keusseur,

Casserole, helle.

Cassette, çandouk-çeraïr.

Cassolette, mibkhara.

Cataplasme, lebkha.

Cataracte, chellal.

Cauchemar, kabous.

Cause, sebba; *pl.* asbàb.

Causer, sabbab; — *il cause*, isabab.

Cavalerie, sibaï.

Cavalier, fàréuss.

Celui-là, kadik; *fém.* dîkha.

Céder, tarak; — *il cède*, itarak.

Ceindre, hazam; — *il ceint*, ihzem.

Ceinture, hezame.

Célèbre, meuchehour.

Céleri, krafeuce.

Céleste, semaoua.

Cendres, remade; *pl.* româd.

Cercle, daïr, *pl.* douaïr.

Centre, qalb.

Cependant, febinma.

Cercueil, tabouth.

Certain (sûr), sâbît *ou* çahih.

Certes, èlbett.

Certainement, mâloûm.

Cervelle, mokh.

Cerveau, moukh.

Cerise, kerrez, *ou* habb-el-me-louk.

Celui qui sans de grands motifs enfreint le jeûne du Ramadan, doit donner pour chaque jour d'infraction, à soixante pauvres, une quantité de fruits ou de grains. La mesure doit équivaloir à la nourriture nécessaire à un homme pendant un jour. Si l'infracteur est pauvre, il peut jeûner deux mois entiers à la suite l'un de l'autre, sans aucune interruption. S'il est riche, il doit affranchir un esclave mâle ou femelle. Sidi Khelil, dans son explication du Coran, chapitre du Ramadan, dit : « Celui qui mange dans le jour, avec intention, est puni par la loi de la peine de mort, après avoir été engagé à se convertir; s'il ne se convertit pas, qu'il soit mis à mort. »

Cesser, ketaâ ; — *il cesse,* iquetaâ.
Chaîne, silsela ; *pl.* silàsil.
Chaise, keursi ; *pl.* keurasi.
Chaleur (*du temps*), kârar.
Chaloupe, felouka.
Chameau, gemel ; *pl.* gemâl.
Chamelier, gemmal ; *pl.* gemmalîn.
Chandelier, chemadâa.
Chandelle, chemâ.
Changer, çarif.
Changeur (*de monnaie*), çeurreuf.
Change, boulça.
Chant, rena.
Chanter, renna ; — *il chante,* iranni.
Chanteur (*musicien*), alatî ; *pl.* alatieh.
Chanteur (*crieur de mosquée*), mouédin.
Chanteuse, almah ; *pl.* aoualîm.
Chanvre, hachiche.
Chapeau, bernèta.
Chapelet, mesbha *ou* çêbha.
Chapelle, zaouia.
Chapitre, bab.
Chaque, koul.
Char, haraba.

Charbon, fehhamm.
Charge, hàmel.
Chargé, mehammel.
Chargé (*délégué*), maukkeul.
Charrette, arabia.
Chargement, ousqa.
Charrue, mehàrat.
Chasse (voir *gibier*), çiad.
Chasse-mouche, menèsèche.
Chat, qotth *ou* qothoth.
Château, qàçeur.
Chaud (*les choses*), sekhoune.
Chaud (*tempérament*), hâmi.
Chaudron, bourmeh.
Chauffer, déffa ; — *il chauffe,* içakken.
Chauve, açla *ou* âgrâ.
Chauve-souris, oualouat.
Chavirer, inqaleb.
Chaux, gir.
Chef, cheïk.
Chemin, tréq *ou* sikke.
Cheminée, màdkhane.
Cheminer (*marcher*), mcha ; — *il chemine,* imchi.
Chemise, kàmis ; *pl.* komsam.
Chêne, balloût.
Chenille, (voyez *ver*), doudab ; *pl.* doud.
Cher (à un *prix élevé*), râli.

Chéri, mabboub *ou* aziz. — O ma *chérie,* ia maboubi.

Chercher (*dans le sens de trouver*), fellèche.

Cheval, hâçane ; *pl.* khaïl.

Cheveux, châar ; *pl.* châarat.

Chèvre, meisah *ou* mâza.

Chez moi, ânndi.

    — *toi,* ânndek.

    — *lui,* ânndou.

    — *elle,* ânndha.

    — *nous,* annd'na.

    — *vous,* anndkoume.

    — *eux,* anndhoume.

Chicorée, chicourih.

Chien, kélb ; *pl.* kélab.

Chiffon, sarmouta.

Chiffre, harreuf ; *pl.* hurouf.

Chirurgien, gerah.

Choisir, akhtar.

Choisir (*préférer*), khaïr ; — *il choisit,* ikhaïr.

Chose, haga ; *pl.* hagat.

Chou, kromb.

Choux-fleurs, kronnbite.

Chrétien, nuçrâni ; *pl.* nâcara *ou* roumi.

Chypre, Qoubros.

Chute, askoute.

Cible (*marque*), nichàne.

Ciel (*séjour des bienheureux*), fardaûs *ou* genna.

Ciel (*firmament*), s'ma ; *pl.* s'maouat.

Cierge, chemaâ.

Cigogne, abou marazel.

Cime, ras (*littéralement tête*).

Ciment, moûne.

Cimeterre, sife ; *pl.* siouf.

Cimetière, arâfa *ou* mezar.

Cirage, bouïa.

Circoncire, khatânn.

Circoncis, mekhatânn.

Circoncision (*fête*), aïd-el-khatânn.

Circuit, charreuf ; *pl.* churrouf.

Cire, chemâ.

Ciseau, makaç ; *pl.* makaççab.

Citron, limoûn.

Clair de lune, noûr-el-qemar.

Clarté, déïa.

Clef, meftah ; *pl.* mefatih.

Climat, haoua.

Clystère, hoqua ; *pl.* hòqan.

Cloche, naquous ; *pl.* naouaqîs.

Clochette (*pour les animaux*), gilgil.

Clou, mesmar ; *pl.* m'esameur.

Clouer, sammar ; — *il cloue,* isammar.

Cocher, arabagi *ou* arbagi.

Cochon, khanzir ; *pl.* khenazir.

Cochon (sanglier), halouf ; *pl.* halalef.

Cœur, qalb.

Coffre, çandouk ; *pl.* çanadiq.

Coin, roukenn.

Choléra, el-tâoun-el-indi.

Col, iaqa.

Colère, radab ; — *en colère,* radaub.

Colique, merâç.

Colle, rera.

Collection, gàm *ou* gmâa.

Collége, medrache ; *pl.* médaris.

Colline, tell ; *pl.* toul.

Colonne, hamoud ; *pl.* haouamid.

Combat, hareub.

Combattre, hârab.

Combien, kàm ; — *pour combien,* bikàm.

Comme, zéi ; — *comme toi,* zéiak.

Commencement, ibtida.

Commencer, b'da ; — *il commence,* ib'da.

Comment, kif.

Commerce, tegarch.

Commissaire, moursal ; *pl.* merâsîl.

Commode (adj.), mourîh ; *fém.* mouriha.

Commun, houmoumi.

Compas, bikâr.

Compatriote, béledih.

Complet, kâmîl *ou* taine.

Compliment (voir salut), salam ; *pl.* salamat.

Comprendre, f'hem ; — *il comprend,* if'ham.

Compréhension, f'hema.

Compris (entendu), m'efhoum.

Compte, hâsab ; *pl.* ahsèbe.

Comptoir, doukkan ; *pl.* dékakîn.

Concave, agouf.

Concombre, khïar.

Condition, cheûrth ; *pl.* chérouth.

Conduire (guider), kad ; — *il conduit,* ikad.

Conducteur, qâïd ; — *pl.* quauad.

Conduit (pour l'eau), khadaq ; *pl.* khanâdeq.

Confiture, beloua ; *pl.* helaoui.

Congé, igazeh *ou* ouddâa.

Connaître, âraf ; — *il connaît,* iaraf.

Connu (sous le nom), aréfa ; — *connais-tu,* ârafek ; — *je ne connais pas,* mârafchi.

Connaissance, marfa.

Conseil (réunion de magistrats), diwan *ou* megelès.

Conseil (action de conseiller), chour ; *pl.* eschouar.

Conseillé, mechour.

Conseiller (verbe), châr ; — *il conseille,* ichour.

Consentir, r'dha ; — *il consent,* irdhi.

Consentement, teradhiàne.

Conserve, mourabba.

Constantinople, Stamboul.

Construire (bâtir), bena ; — *il construit,* ibeni.

Construction, bena.

Consul (général), gônçoul.

Consultation, meschoure.

Contenir, haouâ ; — *il contient,* iahoui.

Content, mabsout.

Conter, haka ; — *il conte,* ilski.

Conteur (d'histoires), maoûl.

Continuer, dâouâm ; — *il continue,* idaouen,

Continuellement (1), âla koulsâa.

Contraire (le), moutalif.

Contrat, âqod ; *pl.* aquoud. — *Faire ou écrire un acte,* kateb-el-aqod.

Contre, alaï *ou* âla.

Contredire, naqad ; — *il contredit,* inaqad.

Contrefaire, âoudje.

Contrepoids, adel.

Contre-poison, dodd-el-semoûn.

Convaincre (persuader), afham.

Convenable, mounasib.

Convenance, kheçouce.

Convention, chàrt ; *pl.* chourouth.

Convenir (une affaire), ittifâq oualem.

Convertir, raïr ; — *il convertit,* iraïr.

---

(1) Sur toute heure.

Convertir (à une croyance), rtadd ; — *il se convertit,* irtadd.

Converti (néophyte), mourtedd.

Copie, nùskha.

Copier, naqqol ; — *il copie,* inaqqol.

Copiste, kateb.

Coptes (1), quoubti ; *pl.* qîbti.

Coq, dîq ; *pl.* douiouk.

Coque, qècheur ; *pl.* qechaur.

Coque d'œuf, qechrat-el-baïd.

Coquillages, quôuqa b'har.

Coquille, qochera ; *pl.* qochour.

Corail, mordjane *ou* morgâne.

Corbeille, qouffa ; *pl.* qouffaf.

Corde, hàbel ; *pl.* hàbàle.

Cordon, dobarâ.

Cordonnier, saramâti.

Corne, qarn ; *pl.* qôraun.

Cornichon, hiar *ou* darbous.

Corps (*le*), djesed *ou* gesed.

Corps (*de garde*), qaraqol.

Correct, cahih.

Correspondre, tekatab ; — *il correspond,* itekatab.

Correspondant, charik ; *pl.* charaka.

Corriger (*châtier*), addab ; — *il corrige,* iaddeb.

Corriger (*une faute d'écriture ou de lecture*), radd ; — *il corrige,* iradd.

Costume, nizam (voir *uniforme*).

(1) Deux races dominent en Egypte : ce sont les Fellahs et les Coptes. Les premiers sont les paysans, habitants de la campagne, travaillant la terre, marins sur le Nil ; population utile et serviable, qui à elle seule nourrit l'Egypte. Les seconds, Egyptiens chrétiens, occupent par le nombre le deuxième rang après les Fellahs. Longtemps maltraités par les Grecs et les Musulmans, ils surent cependant acquérir la confiance de ces derniers, qui alors les employèrent aux écritures, à la perception des impôts et à toutes les charges du gouvernement, particulièrement aux finances. Aujourd'hui ils ont beaucoup diminué en nombre et en considération, par la raison que leur bassesse et leur cupidité les rendent aptes à tout. Les Coptes circoncisent leurs enfants ; leurs prêtres se marient et, comme tous leurs coreligionnaires, peuvent divorcer. Leur chef spirituel est un patriarche résidant à Alexandrie et qui est élu par le peuple.

Côte (du corps), dhelâ ; *pl.* dhe-lâa.

Côte (de la mer), barre.

Côté (partie droite ou gauche du corps), ganebb.

Côté (à côté), ganeub.

Côté droit, imîme.

Côté gauche, chemal.

Côté (de tous), koul gihate.

Coton, q'oton qoten (1).

Couche (fausse), teurlsa.

Cou, ràqba ; *pl.* reqàb.

Coucher (se), tesattah ; — *il se couche*, itasattah.

Coucher du soleil, mogreb.

Couchant (le), el ràreb.

Coudre, khiath ; — *il coud*, ikhaiet.

Couleur, loûne.

Couleur unie, loûne-ouàhàd.

Couleur de rose, ourda.

Coup. dhareub.

Couper, qethaâ ; — *il coupe*, iqethâa.

Couper du tabac, farram.

Coupé, maqtou.

Cour (2) de la maison, ousthe el-dar.

Coupe (vase), tasah ; *pl.* tasàtt.

Courage, gasârah.

Courir, gêra ; — *il court*, igeri.

Courant (du mois), fi moudett-el-chàr.

Courrier, sïârr.

Couronne, tâg.

Cours, megra.

Cours (du marché), séar-el-soûq.

Cours (du change), raouage.

Course, gerâ.

Courroie, séir ; *pl.* siour.

Court, qôçir ; *pl.* qôçaïr.

Courtier, d'ellal.

Cousin (insecte), mâmoûs.

Cousin (fils d'oncle), ben-âm.

Cousine, bent-âm.

Coussin, mokhédda.

Couteau, sekin ; *pl.* sekakîn.

Coutelas, iatarân.

Coûter, tkellef ; — *il coûte*, itkhellef.

---

(1) Le coton fut acclimaté en Egypte par un Français, M. Jumel.

(1) Littéralement, milieu de la maison.

Coutume, âade; *pl.* aouaïde.

Couture, khaïatah.

Couvent, derr ; *pl.* douiour.

Couvercle, reutha ; *pl.* reu-
thaaui.

Couverture, l'haf.

Couverture (de cheval), gelal.

Couvrir, rotta ; — *il couvre,*
irotti.

Cracher, ettif ; — *impératif,*
tiff.

Craie, tabachir.

Craindre, khâf ; — *il craint,*
ikhaf.

Crapaud, dofda'à ou ge-
rana.

Craquer, thèrthoq.

Crayon, qellem-el-reçaçe.

Créance, déïh ; *pl.* douïoun.

Créancier, moul eddine.

Créateur, çana-kallaq.

Créature, maklouq.

Crédit, chekouk *ou* déin.

Créer, khallaq ; — *il créc,*
ikhallaq.

Cresson, girgir.

Crête (île), Krit.

Creuser, hâfeur.

Creux (subs.), goura.

Creux (adj.), mouraouaf.

Cri, caïh ; *pl.* caïh.

Crible, reurbâl ; *pl.* rerabîl.

Crier, zaâq ; — *il crie,* izaâq.

Crieur (de mosquée), mué-
din (1).

Crime, gourme ; *pl.* geraïm.

(1) Les mouédins sont des crieurs qui, du haut des minarets, d'une voix puissante et sonore, appellent les Musulmans à la prière. Ils font entendre ces paroles : *Allaou abker,* Dieu est grand, suivies de cette formule sacramentelle : « *La ilah la, allaou Mohammed rossaul Allah :* Il n'y a pas d'autre Dieu que Dieu ; Mohammed est l'envoyé de Dieu. » Cinq fois par jour le véritable croyant doit prier : à l'approche de l'aurore (fedjer), du dhaur (une heure après midi), de l'aser (trois heures du soir), du mor'reb (coucher du soleil), et enfin aux dernières lueurs du crépuscule. La prière de l'aurore ou fedjer est la plus agréable à Dieu. Aussi, dans l'intérêt des croyants, une heure au moins avant de faire cette prière, le mouédin fait entendre à titre d'avertissement, ces paroles : « La prière est préférable au sommeil. »

Cristal, bellar.

Crocodile, timsah ; *pl.* tamasih.

Croire, çaddoq ; — *il croit,* içaddoq.

Croisée, chibaq ; *pl.* chibabik.

Croissant, halàl.

Croître, namâ ; — *il croît,* ienni.

Croix, çelib ; *pl.* çoulbân.

Croyant (musulman), meslim ; *pl.* meselmine.

Cru, naï.

Cruche (à eau), bardaq ou brïoq.

Cruel, qàsi ; *pl.* qousât.

Cueillir, qachche ; — *il cueille,* iqachche.

Cuiller, màlaqua ; *pl.* maâlaq.

Cuir, pl. cuirs, gild ; *pl.* geloude.

Cuire, tabakh ; — *il cuit,* itabakh.

Cuit, mistaoui.

Cuisine, tàbiche.

Cuisinier, tabakh ; *pl.* tabahin.

Cuivre, n'hass.

Cultiver, harèts ; — *il cultive,* iharèts.

Cure-dent, misouâq.

Curieux, râreb.

D

Dalles, blàth ; *pl.* belaleth.

Damas (ville), ech-cham-el-Kebir.

Dame (madame), sitte.

Dames (jeu de), lebb-ed-dâma.

Damiette (ville), Doumiyàt.

Damner, halak ; — *il damne,* ihalak.

Danger, moukhatera.

Dangereux, mekheter.

Dans, fi.

Dans, dàkhàl.

Danse, raqqoçe.

Danse (des derviches), ziker.

Danser, raqaç ; — *il danse,* irqqoçe.

Danseur, djink *ou* khaouâl.

Danseur (de corde), bahlou-hânn.

Danseuse, razih ; *pl.* ràouazi.

Dard, nibel ; *pl.* nibab.

Dard, mezrag, *ou* nichabeh.

Daté, tarikh ; *pl.* touarikh.

Date, mourkh.

Dater, ârkh.

Dattes, bèlah,.

Dattes (sèches), tàmreh-tàmeur.

Dattier, nakhla : *pl.* nàkhal.

Davantage, aktser.

De (préposition), min.

De, blâa. — *Exemples : Il vient de la maison*, houa ràdje min beïl ; — *le livre de mon maître*, el ketab blâa mallemni.

Dé (à coudre), qosthobina.

Dé (à jouer), kâb ; *pl.* kâab.

Débarquer, talâa ; — *il débarque*, itlâa.

Débarrasser, khallaç ; — *il débarrasse*, ikhallaç.

Débauché, quouade.

Débile, dhaïf.

Débilité, âdjèze.

Débiteur, madioun.

Débourser, dâfâa ; — *il débourse*, idfâa.

Debout, qàime.

Debout, ouqeuf ; — *moi debout*, ana ouqeuf.

Débrouiller, sellek ; — *il débrouille*, isellek.

Deçà, min *ou* hini.

De là, ouara *ou* khalf.

Décès, oufate.

Décacheter (une lettre), fatakh-el-mektoub.

Décharger, nézel ; — *il décharge*, ienzil.

Décharger (un fusil), ferrah.

Déchirer, charmat ; — *il déchire*, icharmàt.

Décider, hatamad.

Décision, n'haye.

Déclaration, halàm.

Déclarer, arraf ; — *il déclare*, iarraf.

Découvrir (trahir), fedah.

Découvrir, kàschaf.

Décroître, onequeuss.

Décrotter, msah.

Décoration (marque distinctive), nichân.

Décret, hakhem.

Dedans, djoûa *ou* dakhal.

Dédommager, âououad ; — *il dédommage,* iâououad.

Défaire (dans une bataille), keusseur.

Défaite, kàseur.

Défaire (de quelque chose), tekhallaç.

Défaut, nàqoç *ou* naqûa *ou* âïb.

Défectueux, nàqice.

Défendre, hàma ; — *il défend,* ihmi.

Défendre (interdire), harem ; — *il défend,* iharrem.

Défense (protection), çoune.

Défilé, ouadi.

Définitif, qâteâ.

Dégager, khallaç ; — *il dégage,* ikhallaç.

Dégoûter, qarraf ; — *il dégoûte,* iqarref.

Dégoûté, qarfân.

Degré, martàbe ; *pl.* meràteb.

Dehors, âla beurra.

De dehors, mîn beurra.

Déjà, qad *ou* bada.

Déjeuner (subs.), f'thour.

Déjeuner (verbe), fetheur ; — *il déjeune,* ïftheur.

Delà, min teumm.

Délai, àtàmm.

Délicat, reqïa.

Délicatesse, letàfa.

Déluge, toufânn.

Demain, boukara ; — *après-demain,* badbukara.

Demain matin, boukara beddri.

Demander, sâl ; — *il demande,* isâl.

Demandé, m'soule.

Démanger, akal ; — *il démange,* iakol.

Déménager, r'hàle *ou* naqual.

Demeure, menzel ; *pl.* menazil.

Demeurer (habiter) s'keunn ; — *il demeure,* is'keunn.

Demeurer (ne pas bouger), dal ; — *il demeure,* idall.

Demi, nouç ; — *un et demi,* oua hedou nouç.

Démolir, hèdd *ou* harab.

Démon, afrit *ou* chîthâne.

Denrée, zâdd.

Dent, sinne ; *pl.* senàne.

Dent (grosse), dersa.

Dentelle, takhrimeh ; *pl.* tekharîm.

Départ, rakbil *ou* toulou *ou* safeur.

Dépendre (se rattachant à), mançoub.

Dépenser, saraf ; — *il dépense,* isaraf.

Dépense, mèçroufe ; *pl.* meçarif.

Dépérissement, dhïâ.

Déposer (mettre), hothouada'â-sallam.

Dépôt, àmanet *ou* ouadià.

Dépôt (magasin de), haçel ; *pl.* haouacel.

Dépôt (de commerce), el-souq-el-kebir.

Déposition (devant le tribunal), chhâdda ; *pl.* chehoud.

Depuis, minnelli.

Depuis quand? minn aéouqte.

Dernier, àkher *ou* akhrr.

Dernière, akhrania.

Derrière (adverbe) (1), oura.

Derrière (substantif), tis.

Dès, minn *ou* moud.

Désagréable, reïr *ou* mouàfeq *ou* makrouh.

Désavantage, darrar.

Désavouer, nakar ; — *il désavoue,* inakor.

Descendre, nézel ; — *il descend,* inzel.

Désert, djebel *ou* berruje.

Déserter, harab *ou* iharob.

Déserteur, hârbân.

Désespoir, khêbe.

Déshabiller, gala ; — *il se déshabille,* igala.

Déshonnête, qabih.

Désir, hobb *ou* érâda.

Désirer, aschetaq ; — *il désire,* iaschétaq.

Dessin (à), belani.

Dessert, tràze.

Dès lors, min dak ez zemânn.

Désoler, kharrab ; — *il désole,* ikharrab,

Désordre, charr ; *pl.* chourour.

Dessous, tahht.

Dessus, fouq.

Destin, mouqader.

Destinée (c'est la)! mektoube.

Destruction, hélak.

Détacher, hall ; — *il détache,* ihall.

Détruire, halak ; — *il détruit,* ihalak.

De suite, delouaqte.

Deuil, heuzzenn.

Deux, tnine.

______

(1) *Derrière moi,* ouraï ; — *derrière toi,* ourak.

Deuxième, tsàni.

Deux jours, iômine.

Devancer, seubboq.

Devant, qoddam ; — *devant moi,* quoddami ; — *devant toi,* qoddamtek. Ainsi de suite, ayant soin d'ajouter les affixes propres au nombre, au genre et à la personne qu'on veut désigner.

Devenir. çàr ; — *il devient,* içar..

Deviner, hàzzar ; — *il devine,* ihazzar.

Dévoiement, djeri ou geri.

Dévôt, çâleh.

Dévotion, âbàdà ou taqoua.

Diable, Chîthâne ou Eblis (1).

Diamant, almâs.

Diarrhée, zareub-el-bateunn.

Dictionnaire, ketab-el-lora.

Dieu, Allah.

Dieu (maître de l'univers), reub-el-alamine.

Différence, taqlîb ou feurq.

Difficile, çaâb.

Difficile (plus), açâab.

Digérer, hâdem ; — *il digère,* ihdoum.

Dignité, kerama ou mâqâm.

Digne de louanges, m'hammed.

Dindon, dik-roumi.

Dimanche, n'har-el-ahad.

Dîme (droit du 10ᵉ perçu sur les récoltes), âchour.

Dîner (subs.), âchà raddâ.

Dîner (verbe), tâcha.

Diplôme, sidjill ou sigil.

Dire, qual.

Je dis, neqoul.

Tu dis, teqoul.

Il dit, iqoul.

Nous disons, neqoulou.

Vous dites, teqoulou.

Ils disent, iqoulou.

Direct, moustaqîm.

Diriger, archad ; — *il dirige,* ïarchid.

Disciple, telmiz.

Discrétion, katamân es sirr.

(1) Eblis est l'ange rebelle qui, sur l'ordre de Dieu, refusa d'adorer Adam. D'après les croyances musulmanes, deux anges accompagnent sans cesse l'homme. L'un, Eblis, celui de sa gauche, écrit les mauvaises actions ; l'autre, Gabriel, celui de sa droite, écrit les bonnes. (V. le Coran, chapitre II, verset 32.)

Discret (fidèle), katoum es sirr.

Disette, fâqa *ou* âze.

Disposer, rattab ; — *il dispose,* irattab.

Disputé, mougadel.

Distance, mesafa.

Distinction (différence), feurq.

Distinguer, mâiaz ; — *il distingue*, imaïze.

Divan, diwâne.

Divin, âlahi.

Divinité, illâh.

Diviser, qassem *ou* iqâssim.

Division (arithmétique), qisme *ou* qisame.

Divorce (1) *(répudiation)*, thlaq.

Divorcer, thelloq ; — *il divorce*, ithelloq.

Dix, âchra.

Doigt, çaba ; *pl.* açabi *ou* çouabâ.

Dôme, qâbba (2).

(1) Le Musulman qui, dans une querelle conjugale, prononce cette formule de divorce : *h'arâm alih* (défendue pour lui), rompt, par cela même, son mariage ; la séparation devient inévitable. Si plus tard le mari, reconnaissant ses torts, veut reprendre sa femme, il est obligé de passer un nouveau contrat *et* d'assurer une nouvelle dot à son épouse. C'est tout bonnement un nouveau mariage contracté avec la même femme. De plus, immédiatement après le divorce, la femme musulmane peut se marier à un autre homme, et si son mari avait attendu jusque-là pour la regretter, il ne pourrait la reprendre qu'à la mort du second ou après une répudiation dûment attestée.

(2) La chapelle de la Kaâbah, à la Mecque, est en grande vénération chez tous les Musulmans. Chaque pèlerin faisant le tour de la Kaâbah doit religieusement baiser une pierre noire fixée à l'angle sud-est de ce temple. D'après les croyances locales, c'est sur cette pierre qu'Adam fut apporté sur la terre. Elle était, suivant les uns, une des perles du paradis ; suivant les autres, un ange. Tous les Musulmans s'accordent à dire que cette pierre était blanche, mais que les péchés des hommes l'ont rendue noire. A la fin du monde, elle retournera au ciel, et dénoncera tous les hommes morts hors de la religion mahométane. D'après la tradition, elle fut apportée par l'archange Gabriel à Abraham, lorsque ce dernier bâtissait ce temple. La chapelle de la Kaâbah

Domestique, hadém; *fém.* had-dâma.

Dommage, khesarà.

Don, hédïa.

Donner, aôtha; — *il donne,* iaaté.

Dos, dhaar.

Dormir, nâm ; — *il dort,* icnâm.

Dot (1), màhr *ou* màher.

Douane, diwan-el-gumrouk.

Douanier, mouhaççil.

a 34 pieds de haut et une porte en argent. De plus, elle est couverte d'un tapis noir à inscriptions en or, que le grand-sultan envoie annuellement de Constantinople à la Mecque. « Pendant la prière, le Musulman doit avoir la tête tournée du côté de la Kaâbah à la Mecque. D'après le verset 159, chapitre II du Coran, cet endroit a été désigné comme le point vers lequel on se tourne en priant. » (Voir, pour plus amples détails, la traduction du Coran par M. Kasimirski.)

Dans le principe, les Arabes avaient plusieurs endroits vers lesquels ils se tournaient pour prier. Ceux qui se tournaient vers tel côté étaient en querelle avec ceux qui se tournaient vers tel autre, parce que chacun prétendait que son point était le meilleur. Pour mettre fin à ces disputes, Mahomet fit connaître le verset 109, chapitre II du Coran, où il est dit : « Que Dieu possède le levant et le couchant, et que quel que soit l'endroit où l'on se tourne, on trouve la face de Dieu. » Mais ce dernier verset a été abrogé par le verset 159 plus haut rappelé, et le temple de la Kaâbah, à la Mecque, a été définitivement désigné comme le point vers lequel on devait se tourner en priant. — Voir l'excellent volume de M. François Cadoz sur la civilité musulmane. Librairie Bastide, Alger et Paris.

(1) Beaucoup de personnes croient que les Musulmans achètent leurs femmes moyennant une somme d'argent plus ou moins forte, qui varie selon la beauté de la marchandise et en raison de la bourse du futur mari. C'est une profonde erreur que je tiens à constater. A la vérité, la coutume établie par la rapacité arabe est de détourner la dot donnée par le mari au profit des plus proches parents. Ce détournement est une impiété flagrante, attendu que plusieurs commentateurs dignes de foi prouvent que cette dot appartient en droit à la nouvelle mariée. Sidi-

Doubler,, dââf; — *il double,* idââf.

Doubler (avec une étoffe), battan; — *il double,* ibattan.

Doublé (augmenter d'un), moudaaf.

Doublé (participe), moudaaf.

Doucement, chouïa ou bechouïa.

D'où, min aïne.

Douceurs, hàlouat.

Douleur, ouaga; *pl.* aouga.

Doute, chek.

Douter, chak; — *il doute,* ichouk.

Doute (sans), ouaqila.

Doux, halou.

Drapeau, sangak.

Drap, gouh; *pl.* gaouah.

Drap (de lit) milaïh; *pl.* milàyât.

Brahim-Tetei dit dans ses commentaires de Sidi-Khelil, au chapitre des dots : « Le père reçoit la dot du mari quand sa fille est vierge ou bien quand, jeune encore, elle n'a été mariée qu'une fois, ou, à son défaut, le tuteur désigné par lui; si la femme n'a ni père, ni tuteur désigné, c'est elle-même qui perçoit sa dot et non plus *un de ses parents;* si pourtant l'un de ces derniers l'avait touchée hors du cas légal, la femme ou son mari sont en droit de le poursuivre en restitution. »

Sidi-el-Krerchi dit aussi dans un commentaire d'un autre passage de ce même chapitre des dots, de Sidi-Khelil :

« Celui qui a reçu la dot ne peut en justifier l'emploi que de trois manières légales : la première, en achetant les présents de la noce et en faisant attester, par témoins, qu'ils lui ont été remis et qu'ils lui conviennent; la deuxième, en faisant attester que ces présents ont été choisis par elle-même et remis par lui entre ses mains; la troisième, en les faisant estimer par des témoins et en constatant qu'ils lui ont été remis par eux. »

Un autre commentateur de Sidi-Khelil, El-Bermouni, ajoute encore : « La dot que le père perçoit pour la nouvelle mariée appartient à cette dernière et doit lui revenir dans toute son intégrité. »

Il est inutile de développer de telles preuves; elles suffisent je pense, à prouver que les Musulmans font comme beaucoup d'autres, ce qui leur semble le plus avantageux pour leur bourse.

Drogman, turdjumann.
Drogue, atâre.
Droguiste, attâr.
Droit, dogri *ou* dodjran.
Droite (*la*), imine; — *à ma droite*, imini.
Dromadaire, hegim.

Dur, gâmed.
Dur (*le cœur*, qasi.
Durant, beïnama *ou* madam.
Durer, dâm *ou* idoum.
Durée, doume.
Dyssenterie, sailân-el-bateunn.

E

Eau, mâ, môyeh *ou* mâyeh.
Eau-de-vie, aradj *ou* araqi.
Ebène, ebnous.
Ecclésiastique (*prêtre*), qâsis; *pl.* qosous.
Echantillon, fetourâ.
Echange, mouàoudha.
Echanger, beddel; — *il échange*, ibeddel.
Echarpe, tennchîfa.
Echauffer, hamma; — *il s'échauffe*, ihammi.
Echecs (*jeu*), sthrondje *ou* chatrang.
Echelle, sellem; *pl.* sellalemm.
Echelon, drège.

Echo, daoui.
Eclair, beurrq; *pl.* bourouq.
Eclairer (*avec une bougie*), naour; — *il éclaire*, inaour.
Eclat, diya.
Eclipse (*de soleil*), kouchouf-ech-chems.
Eclipse (*de lune*), kouchouf-el-qameur.
Eclore, foqqoce.
Economie, tadbir *ou* taoufir.
Economiser, ouffeur; — *il économise*, iouffeur.
Ecorce, qécheur; *pl.* qochour.
Ecorcher, salakh; — *il écorche*, isloukh.

Ecouter, semâ ; — *il écoute*, ismâ.

Ecrire, katab.

  J'écris, nekteb.

  Tu écris, tekteb.

  Il écrit, iekteb.

  Nous écrivons, nektebou.

  Vous écrivez, tektebou.

  Ils écrivent, iktebou.

Ecrit (subs.), mektoub.

Ecritoire, douaïa.

Ecrivain, effendi (1).

Ecume, roroua.

Ecurie, stable ; *pl.* sthebale.

Edifice, binaï.

Edit, emeur ; *pl.* emour.

Effacer, chatab ; — *il efface*, ischtoub.

Effets (bagages), afch, hodoum *ou* roubâ.

Effets (mobiliers), hàouedje.

Effort, gehed ; *pl.* gehoud.

Egal, sioua *ou* moustaoui.

Egalement, souà-souà.

Egalement, aïdhann.

Egarer (s'), tah ; — *il s'égare*, ietouh.

Eglise, kenissa.

Egorger, debah.

Egout, khonndoq ; *pl.* khenadoq.

Egratigner, kheubbèche.

Egypte, Bàreur *ou* Maçr.

Egypte (haute), Saïd.

Elargir, arredh.

Eh ! iah *ou* oh.

Elégant, chérif.

Eléphant, fîl ; *pl.* fial.

Elève, telmîz.

Elever, r'fàâ ; — *il élève*, irfî.

Elever (un enfant), robba ; — *il élève*, irbi.

Elle, bïa.

Elle, ha-ha.

Eloigner, ba àd ; — *il s'éloigne*, ibaaïd.

Eloigné (participe), metba'âd.

Eloigner, baâd ; *éloigné*, baïd.

Email, tezdjidje.

Embarcation, felouka.

---

(1) En Egypte, on donne volontiers le nom d'effendi à tout individu sachant un peu lire et écrire ; il est toujours synonyme de *lettré* ou homme instruit, ce qui n'implique pas toujours des connaissances réelles.

Eloquent, façih.

Emballer, hazem.

Embarquer (dans le navire), nèzel fi merkeb.

Embarras, hira *ou* ouàhla.

Embarrassant, mehaïr.

Embraser, ouqad ; — *il embrase,* iouqâd.

Embrasser, ânoq ; — *il embrasse,* ianoq.

Embrouiller, kheubbel.

Emerveillé, mestâgebb.

Emeraude, z'meurrode.

Eminent, sâmi.

Emir, emir ; *pl.* oumra.

Emmener, akhod ; — *il emmène,* iakhod.

Emousser, bàred *ou* moutallem.

Empêcher, mêna ; — *il empêche,* imenà.

Empêché, mennou.

Empire, memlek ; *pl.* memal-ek.

Emplâtre, mar'ham.

Emplir, m'la.

Employer, nàfa ; — *il emploie,* infaâ.

Employer (service de domesticité), haddem *ou* ihaddem.

Emporter, châl ; — *il emporte* ichil.

Emporté (colère), radban.

Emprisonné, mehabous.

Emprisonner, hàbeuss ; — *il emprisonne,* ihabeuss.

Emprunter, stalaf ; — *il emprunte,* istilef.

Enceinte (grosse), hàbleh, mâabich *ou* bedgouf.

Encens, libânn.

Encore, kamàn ; —*pas encore.* lissa.

Encore, zid *ou* mazel.

Encourager, gasser ; — *il encourage,* igasser.

Encre, hàbeur.

Encrier, douaïa-el-habeur.

Endroit, matrah.

Enfant, ouled *ou* aouled.

Enfer, gehénem.

Enfer (1), gehîme.

Enfin, el-haçoul.

Enflé, ouaremm.

____

(1) D'après les Musulmans, un pont problématique appelé Sirath est jeté sur les abîmes de l'enfer. C'est sur ce pont miraculeux que doivent passer tous les hommes au jour du jugement.

Enfler, ouaram ; — *il enfle*, iouarram.

Enivrer (s'), (1), sekker ; — *il s'enivre*, isekker.

Enlever, sahab ; — *il enlève*, isahab.

Enlever (ôter), n'hà.

En moins, nàqça.

Ennemi, âdou ; *pl.* àdà.

Ennuyer (s'), azâ'al ; — *il s'ennuie*, iaza'al.

Ennui, zàl.

Ennuyé, mza'alan.

Enrhumer (s') (2), akhod bèrd.

D'après la tradition, il est aussi tranchant que la lame d'un sabre bien effilé et plus mince qu'un cheveu. Les élus, au dernier jour, passeront sur ce pont avec la rapidité de l'éclair, et les méchants tomberont dans le feu éternel. A l'une des extrémités du pont, aboutit l'entrée du paradis. Là, les élus se désaltèreront de l'eau du bassin de Mahomet. Celui qui boit une seule fois de cette eau est affranchi pour jamais du besoin de la soif. Ce bassin a une largeur égale à la marche d'un homme pendant un mois ; son eau a la limpidité du cristal et la douceur du miel. Autour du bassin sont déposées autant de coupes d'or qu'il y a d'étoiles au firmament.

(1) Il est défendu au Musulman de faire usage de boissons ou liqueurs fermentées. Sidi-Khelil, dans ses commentaires du Coran, dit, au chapitre des boissons fermentées : « Celui qui boit des liqueurs fermentées doit recevoir 80 coups de bâton ; l'esclave (*) n'en reçoit que 40. »

Ben-Séliman, au même chapitre, ajoute : « Si le coupable ne récidive pas, on doit laisser là son affaire ; s'il récidive, on doit lui redonner 80 coups de bâton et le soumettre à une exposition publique, puis enfin le mettre en prison. » Voilà la règle admise. De tous les vices qui peuvent attirer de la déconsidération sur les Européens en Orient, aucun n'est plus préjudiciable à leurs intérêts que l'ivrognerie. Les Musulmans ont un profond mépris pour l'homme ivre ; ils le comparent à un porc se vautrant dans la fange.

(2) Littéralement, prendre le froid.

(*) L'esclave n'est considéré que comme la moitié d'un homme.

Ensabler (s') *(échouer sur le sable)*, teballad.

Enseigner, allem ; — *il enseigne,* iallem.

Ensemble, soua-soua.

Enseignement, âlàma.

Ensuite, bàda.

Entendre, s'ma ; — *il entend,* ism'à.

Entendement, f'héma.

Enterrer, d'feunn ; — *il enterre,* id'feunn.

Entier, kamel.

Entièrement, bittemânn *ou* kollïa.

Entonnoir, lemmbouth.

Entre, béïn.

Entremetteur (insulte), mâârras *ou* akrout.

Entrepôt, chôuna.

Entrée, d'koule.

Entrer, dakhol ; — *il entre,* idakhoul.

Enveloppe, lîfafe.

Envelopper, laff ; — *il enveloppe,* iliff.

Envers (l') (d'une étoffe), fòk *ou* takh.

Envié, mchàsoude.

Environ, qoureub *ou* fimiqdar.

Environs (les), deïre.

Envoyer, rásal ; — *il envoie,* irsaïl.

Envoyé (un), mersoul.

Envoyé (député), r'soul.

Epais, tchin.

Epaule, ketef ; *pl.* ketaf.

Epée, saif ; *pl.* siouf.

Eperons, chebir.

Epis, senboul ; *pl.* senabil.

Epice, bouharat.

Epicier, baqâl.

Epinards, esbouch.

Epingle, dabboûs ; *pl.* dababis.

Eponge, sufingeh.

Epoque, tarikh.

Epouse, gouza *ou* âroûs.

Epouser, gaouz ; — *il se marie,* igaouz.

Epreuve, mounhna ; *pl.* mouhan.

Eprouver (essayer), djereub.

Equerre, zaouïa, gedoul *ou* mestra.

Errer, tefeche *ou* dholl.

Erreur, zélat.

Escabeau, askemelat.

Escalier, droudje *ou* selâlem.

Esclave (mâle), abd ; *pl.* abîd.

Esclave (femelle), garieh; *pl.* gououar.

Espèce, noua; *pl.* anouâ *ou* chikll.

Espérer, rega; — *il espère*, irga.

Espion, gasous; *pl.* gaouasîs.

Esprit, rouh *ou* rouhania.

Esquisse, resm; *pl.* rousoûm.

Essayer, gareb *ou* igareb.

Essence (huile très-subtile), àtar *ou* atourât.

Essieu, fouç.

Essuie-main, foutah; *pl.* fouat.

Essuyer, mèsah; — *il essuie*, imsah.

Est (Orient), Cheurq.

Estomac, el-ma *ou* idah.

Estrade, liouâm.

Et, ou *ou* oua.

Etable, stabal.

Etage, daur *ou* tabaqa.

Etain, al-cazdir.

Etat (situation), hâl; *pl.* ahouâl.

Etat (gouvernement), khokûm.

Eteindre, tafa; — *il éteint*, yetfi.

Eteindre (s'), intafa; — *il s'éteint*, intafi.

Etendard, sangak *ou* beindéira.

Etendre, madda; — *il étend*, imoud; *participe*, mendoud *ou* mafraûs.

Eternel, daïm *ou* ebedi.

Eternuer, atas; — *il éternue*, ia'tis.

Etoffe, quemache; *pl.* acqmiche.

Etoile, ningmah; *pl.* nigoum.

Etonné, moutâageb.

Etranger, barrani *ou* rarib.

Etre, kan; — *il est*, ikoûn.

Etrenne (pourboire), bakchis.

Etrier, rekab; *pl.* rekabat.

Etroit, daïk.

Etui, qoubour.

Etui (à aiguilles), ibare.

Etuve, hammàm.

Etuviste, hammami.

Eunuque, taouachi.

Europe, beled-el-frendje.

Européen, frengi.

Eux, hom *ou* hoûm.

Eveiller, sahé *ou* sahrân.

Eventail, maraouha; *pl.* meraouih.

Exagérer, bàlar; — *il exagère*, ibàler.

11*

Examiner, fattèche ; — *il examine,* ifattèche.

Excellent, sami *ou* moukallef.

Excepté, ila, ghir *ou* soua.

Excès, ifrat *ou* anamak.

Excessivement, belzoud ou chadidân.

Excuse, madzera *ou* azer.

Excuser, azer ; — *il excuse,* iazer.

Exécrable, maloune *ou* mekroua.

Exemplaire, neskett ; *pl.* nesckh.

Exemple, qàada ; *pl.* qouada.

Exercice, riada *ou* adman.

Expédier, rasal ; — *il expédie,* iršoul.

Expérience, khebra *ou* ibret.

Expliquer, fasser ; — *il explique,* ifasser.·

Exprès, belani *ou* mersal.

Exprès (à dessein), belqueced *ou* belàmed.

Extérieur, kharege ou barrani.

Extraire (tirer), akherège *ou* chedd ; — *il extrait,* ichedd.

Extrémité, tereuf ; *pl.* atraf.

Exubérance, ziada.

F

Façade, oadjaà.

Face, ougou ; *pl.* ouagat.

Fâché, radbân *ou* magboun.

Faible, caïf batlân.

Faim, gâoua ; — *j'ai faim,* ana gaôua.

Faire, amel ; — *il fait,* iamel.

Famille, ahel *ou* ahl ; — *personnes du même sang,* beïl.

Famine, magahah *ou* guedeb.

Fange, ouakla, ouakel *ou* tin.

Farce, maskarah.

Farceur, soutari *ou* khalbouche.

Farine, deqiq.

Fatigue, tab ; — *fatigant,* moutab.

Fatigué, ta'abân.

Fauteuil, kursi.

Faux, (contraire du vrai), kadâb.

Faux (instrument pour faucher), machatt *ou* meqçal.

Faveur, marouf.

Femelle, nétaych, *ou* nitaïch.

Femme, mra ; *pl.* usa.

Fendre, chéq *ou* fèlq.

Fenêtre, chèbak ; *pl.* chebabik.

Fer, hadide.

Fer à repasser, màkoua ; *pl.* mckâoui.

Ferblanc, as *ou* safih.

Ferme (domaine), tezam.

Ferme (adjectif), tehabit *ou* makam.

Fermer, kefel ; — *il ferme,* ikefel ; — *part.,* makfoul.

Féroce, kaser ; *pl.* kouaser.

Fête (solennité religieuse), aid ; *pl.* aïad.

Feu, nàr.

Feuille (plante), ourqa ; *pl.* ourcuq.

Fèves, foûl.

Ficelle, doubarah *ou* dobarah.

Fichu, theurha, *ou* meudil.

Fidèle (qui garde sa foi), çahab-oufa.

Fidèle (vrai croyant), moumen.

Fierté, chemkat.

Fier (grand, noble), adîm *ou* cherif.

Fièvre, mouhammi ; *pl.* hammiat.

Figue, tîn *ou* karmouss.

Figure (visage), ougou ; *pl.* ougouh.

Figure (signe), aschkal *ou* çourat.

Fil, kheït *ou* khèt.

Filets, chabakals *ou* chabakkals.

Fille, bent ; *pl.* benat.

Fille (de joie), qahba *ou* charmouta.

Filou, harami, ibu *ou* hàram.

Fils, ouled : *pl.* aoulad.

Fin, akher *ou* akhera.

Finir, khalaç ; — *il finit,* ikhalaç.

Fixe (qui ne se meut pas), tçabit.

Fixer, tçabbet ; — *il fixe,* itçabbet.

Flacon, fatile ; *pl.* fetaïl ou quezaza.

Flambeau, mechalat ; *pl.* mechâal.

Flamme, lahbat.

Flanelle, çoûf.

Flèche (dard), nechabat ; *pl.* nechab.

Fleur, zalser ; *pl.* zehour.

Flûte, gaba ; *pl.* gob.

Flux et reflux (de la mer), gezer-el-bahr ; medd-el-bahr.

Foi (religion, croyance), dîn-iman.

Foie, kebed ; *pl.* kebad.

Foin, hachiche *ou* iàbess (*herbe sèche*).

Foire (marché), souq *ou* mousem ; *pl.* mouasem.

Fois, marra ; *pl.* marrat ; — *deux fois*, marrateïn.

Fontaine (eau vive), aïn, *pl.* aïoun.

Force, qououa ; *pl.* qouaâ.

Force (violence), raçeb ; — *par force*, bil raçeb bizour.

Forgeron, hadad *ou* haddad.

Fort (puissant), qaoui *ou* chedid ; — *du tabac, des boissons*, hami.

Fortune (biens), mal.

Fortuné, saïd.

Fossé, khandaq ; *pl.* khannadiq.

Fou, magnoûn ; *pl.* meganîm.

Folie, guenân.

Fouet, meqarat ; *pl.* meqarah.

Fouille, hafeur nekache.

Four, frenne, *pl.* afrenn.

Fourchette, chouka ; *pl.* chouk.

Fourmi, nemla ; *pl.* nemel.

Fourreau, gamed ; *pl.* gamad.

Fraise, toût feurnagi.

Framboise, toût chouki.

Français, Fransaouni.

France, Fransa.

Frapper, adrab ; — *il frappe*, idroub.

Fraude, zaral.

Frauder, zaral ; — *il fraude*, izroul.

Frein (mors), ligam.

Fréquent, ketsir-el-ouqoua.

Frère, akhou ; *pl.* akhouat, akhoûan ; — *mon frère*, akhoui ; — *ton frère*, akouk.

Frire, qala ; — *il frit*, iqala.

Frivole, aqeul *ou* khasis.

Froid, bèrd ; *féminin*, barda.

Fromage, gibenn *ou* gibneh.

Froment, quemah.

Front, gebîne.

Frontière (limite), hadd ; *pl.* hadoud.

Frotter, masah ; — *il frotte*, imsah.

Fruit, fakiye ; *pl.* faouâki.

Fuir, harab ; — *il fuit*, iharab.

Fuite, hareub ; — *mettre en fuite*, harrob.

Fumée, doukhan.

Fumer, achereub dekkban ; — *il fume*, idekkan.

Fumeur, charib doukhân.

Funérailles, (1), guenaza ; *pl.* guenaïz.

Furieux, radoub *ou* sarâun.

Fuyard, harib.

Fusil, mahakla ; *pl.* makahal.

Fusiller, bendoq ala.

---

(1) Dès qu'un Musulman a fermé les yeux, on le déshabille ; il est ensuite placé tout étendu sur un tapis, sur une natte ou une planche, et couvert entièrement avec un drap. Une personne vient alors laver le corps, soit avec de l'eau froide, soit avec de l'eau chaude, au moyen d'un linge qu'elle passe trois fois, cinq fois ou sept fois sur le corps du défunt. A la dernière lotion, elle aromatise le corps avec du camphre. Une fois cette opération terminée, on met une chemise au mort ; on lui enveloppe la tête d'un turban, si c'est un homme, d'un voile, si c'est une femme, et on lui couvre tout le corps d'un suaire. Généralement l'enterrement se fait le jour du décès ; si la personne meurt dans la nuit, la cérémonie est renvoyée au lendemain. Quatre personnes réunies pour assister au convoi portent le cadavre, qui est placé sur un brancard recouvert d'une pièce d'étoffe. Les parents, les amis accompagnent silencieusement le défunt à la mosquée, où l'on récite une prière ; puis après le cortége se met en marche pour le cimetière. L'acte de porter un mort en terre est regardé comme très-pieux ; aussi souvent les porteurs sont-ils rechangés par des gens qu'ils rencontrent sur leur chemin. Arrivés sur le bord de la fosse préparée, on y dépose le cadavre. Là, un iman récite encore une prière funèbre, après laquelle le mort est déposé tout habillé dans la fosse, la tête tournée du côté de la Kaâbah. La profondeur de la fosse est d'un mètre et demi environ. Dans la partie intérieure, établie en forme de construction murée, repose le cadavre. Cette construction est immédiatement

G

Gabare, qiasa; *pl.* qiaïs.

Gage, r'hen; *pl.* r'han *ou* r'houn.

Gagner, keseb; — *il gagne,* ikeseb.

Gai, forhan *ou* mabsout.

Gain, meksab *ou* mekseb.

Gaîté, farah *ou* khelat.

Gale, gèrb *ou* gàreub.

Galère (punition des malfaiteurs), loûman.

Galette (gâteau), qeurçat fetîr.

recouverte de tuiles ou pierres plates. Les assistants qui se trouvent près de la fosse y jettent trois fois plein les mains de terre, en disant la première fois : « Vous en avez été créé; » la seconde : « Nous vous y ferons retourner; » et la troisième : « Nous vous en ferons sortir de nouveau. » La fosse comblée par les autres assistants, chacun s'en va.

Quelques pauvres ayant accompagné le convoi restent pour prendre part au repas qui leur est préparé. Les riches font élever un tumulus, qui se compose assez ordinairement de deux pierres placées verticalement, s'appuyant l'une sur l'autre, et sur lesquelles on fait graver la profession de foi : « Il n'y a pas « d'autre Dieu que Dieu, Mahomet est l'envoyé de Dieu, » le nom du défunt, son âge, l'année de sa mort, et des invocations devant appeler sur lui la miséricorde divine. Chacun sait que, d'après les croyances musulmanes, le défunt qui vient d'être enterré est soumis à un interrogatoire par deux anges appelés Mounkir et Nakir, qui ont pour mission d'inspecter les tombeaux. Ils font revenir le défunt à la vie et lui adressent les questions suivantes : Quel est ton Dieu? ta religion? ton prophète? Ils l'interrogent ensuite sur ses actions et d'après ses réponses l'envoient au ciel ou en enfer. — Voir le volume de M. F. Cadoz, déjà précité.

(Pour les autres détails de l'inhumation, voir la traduction de Khalil-Sibu-shak, par M. Perron, tome I.)

Galoche, quebqab ; *pl.* quebaqîb.

Galon (tissu de soie ou fil), cherit.

Galop, remah *ou* rekeud.

Gants, kefouf *ou* koffûf.

Garance (plante), foua.

Garant, kefil *ou* dhamen.

Garantir, dhàman.

Garçon, ouled ; *pl.* aoulad.

Garde (gardien), gafir ; *pl.* goufàra.

Garde (corps de), qaraqol *ou* qaraqolle.

Gare (prenez garde), o'a *ou* ou'a *aux hommes,* o'aï *ou* ouaï *aux femmes.*

Garnir (meubler une maison), feurche-el-béït.

Garni (orné), merzïnne.

Garnison, mohaftïn.

Garniture, zarrafa *ou* addat.

Garrotter, kattef ; — *il garrotte,* ikattef *ou* orbet.

Gâter (salir), iteleuf, aneza *ou* kherbet.

Gauche, chemâl.

Gauche (de travers), belmequeloub.

Gazelle, ghrzal ; *pl.* ghrzlàu.

Gazon, khedra.

Gelée, gelid.

Geler, gelled ; — *il gèle,* igelled.

Génération, touled tenasel.

Gencives, etsa-el-lesânn.

Gène (torture), adab.

Gêné, mâtoub.

Gêner, ata'ab ; — *il se gêne,* iata'ab.

Général (subs.), serasker.

Général (adv.), fi-el aktser.

Généralement, amouma.

Généreux, kerîm.

Généreusement, bekerîm.

Générosité (grandeur d'âme), merououa.

Génie (esprit malin), gîn ; *pl.* gân.

Génie (faculté de créer), bra'at queriat.

Genou, roukeba ; *pl.* roukab.

Genre, gins ; *pl.* genoûs.

Gens, nâs.

Gentil, kouis *ou* drif.

Gentilhomme (noble), cherif.

Géorgien, Kourgi.

Géorgie, Kourgistân.

Gilet, cédrïa ; *pl.* çedari.

Gingembre (plante des Indes), zeuzebîl.

Girafe, zarifeh; *pl.* zarafeh.

Girofle, qronfeul *ou* qouroûnfil.

Glace (miroir), meraïa.

Glande, loûza.

Glaner, caïf; — *il glane,* icaïf.

Glaneur, cïaf.

Glanure, cïfa.

Glisser, oqat-el-chi *ou* azeloq.

Globe (corps rond), koura; *pl.* kourat.

Globe (céleste), foulk.

Golfe, houqqa; *pl.* houqqaq.

Gomme, sàmèch.

Goudron, q'trâu.

Goût, thouâma *ou* leddat.

Goutte (de liquide), demâa-quetra.

Gouvernail, doumân-deffat.

Gouvernement, hakoumat *ou* tebdir.

Gouverner, hàkem *ou* hàkm.

Gouverneur (de province), moudir.

Grain, haàb; *pl.* haboub.

Graine (de coton), bezer qoton.

Graine (semence), bezra; *pl.* bouzour.

Grammaire, agueroumïa.

Grand, kebir; *pl.* kebar.

Grandeur, koubcur *ou* kebrat.

Gras, semîn; *pl.* semân.

Gratis, bàlèche.

Grattoir, mequechett; *pl.* me-qachett.

Gratuit, magân.

Gratuitement, maggana.

Grave, tseqil; *pl.* tseqal.

Gré (à mon), ala kifi.

Grec, Roumi.

Grèce, Belad-el-Roum.

Grenade (fruit), roummaua; *pl.* roumann.

Grenadier, cheguera-roumàne.

Grenier, ahubar; *pl.* ahuabar.

Grenouille, dofedàa; *pl.* defaâd.

Gril, chibak.

Gris, remadi *ou* romadi.

Gronder, khanoq *ou* damdam; — *il gronde,* id'emdim.

Gros, tekhin.

Grossier, tecleuq *ou* khechin.

Grossir, tsekhan.

Grotte, magara; *pl.* magaïr.

Guêpe, dabour; *pl.* debabir zenbout; *pl.* zenabir.

Guérir, achefi *ou* iachefi.

Guerre, hareub; *pl.* homoud.
Guide, dalil; *pl.* delaïl.
Guimauve, khetmit.

Guirlande, aklil zeher; *pl.* akalil.

H

Habile, chater *ou* chatr.
Habile (savant), hadeuq *ou* mallem.
Habiller, lebess; — *il s'habille,* ilebess.
Habit, tsoub; *pl.* tsiab.
Habitude, hadat; *pl.* aouaïde.
Habitué, metaoud.
Habituer (s'), aoud; — *il s'habitue,* iaoud.
Hache, balta *ou* fas; *pl.* fàsât.
Haine, barda *ou* háqueud.
Haïr, akra; — *il hait,* iakrah.
Haï, mabroud *ou* mekrouh.
Haleine, nefess.
Halte (pause), mattah.
Halte! (exclamation), ouqaf.
Hameçon, cenara.
Hanche, ourek; ouarek.
Hardes, houaïdje.

Hardi, geri.
Haricots, loubia.
Harnais, taquem.
Harpe (instrument), aoud; *pl.* aïdan.
Hasard, khetar.
Haut, hali; *pl.* haouali.
Hauteur, artefàa.
Hébreux, Abrani.
Héliotrope, nouar-el-chms.
Hennir, haçan; — *il hennit,* ihaçan.
Hennissement, cehîn.
Herbe, hachis *ou* khedar.
Héritage, arets *ou* mirats.
Héritier, ouarets.
Heure, sa'ât.
Heure, sa'îd.
Heurter, telatem *ou* teçaddem.

Hier, amess *ou* ambarah; — *avant-hier*, aoucul barah.

Hiéroglyphe, qellem-el-me-çrïne.

Hippopotame, hoçan-el-bahar.

Hirondelle, khetaf; *pl.* khetatif.

Hiver, cheta.

Hommage, ikrâm.

Homme, râgel; *pl.* rigâl.

Hongrois, Màgâr.

Honnête (intègre), masboût-kheir.

Honneur, ikrâm *ou* tascherif.

Honorer, kerrem; — *il honore*, ikerrem.

Honte, haya, héya, aâr *ou* aïb.

Hôpital, merstàn *ou* beït-el-meridh.

Horloge, sa'ât.

Horoscope, taâla.

Hôte, dif; *pl.* diouf.

Hors, kharreg *ou* berra.

Hôtel, loukanda *ou* dor-el-gerba.

Houe, fass.

Huile, zit *ou* dehen; *pl.* adhan.

Huître, stridia mharra; *pl.* mhahar.

Humain (genre), insâni-el-becheur.

Humide, tari *ou* rotoub.

Humidité, retouba.

Huppe, choucha, hèdhel *ou* hodhul.

Hurler, aouâ; — *il hurle*, iaoui.

Hyène, doubba.

Hydromel, cherob-el-asel.

I

Ibis, leqaq; *pl.* leqaleuq.

Ici, hana *ou* hena.

Idée, resm, çoura *ou* tekhïl.

Idiome, legha; *pl.* leghat.

Idiot, rasim *ou* abit.

Il (pronom), houa.

Ile, gazira *pl.* guezaïr.

Illicite, mahroum.

Illuminer, enar ; — *il illumine*, inar *ou* naoûr.
Illumination, ouaqada ; *pl.* ouquid.
Image, çoûrah.
Imaginaire, teçaououri *ou* khiala.
Imagination, teçour.
Imaginer, teçaour ; — *il imagine*, iteçaour.
Imiter, qallad ; — *il imite*, iqallad.
Impatient, qalid-el-çebar.
Impatience, qillat-eç-sabeur.
Impertinent, sefih *ou* qabih.
Impétueux, chedid.
Impétuosité, chedda.
Importun, morem *ou* tseqîl.
Importuner, tseqil aleï.
Impôt, goualat ; *pl.* tekalif.
Impotent, hagiz *ou* saqat.
Imprimer, taba'a ; — *il imprime*, il eba'a.
Imprimé, matbou *ou* touba.
Imprudent, mounrir aqueul.
Incapable, réïr-qader *ou* mouchi-qader.
Incendie, hariqa *ou* hariq.
Inciter, harrak-aleï.
Incommode, mouta'ab.

Incomplet, naqiç *ou* naqoçe.
Inconnu, raïr-maloum *ou* meghaoul.
Indes (pays des), el Hindi.
Indigène (en parlant d'une chose), beledi.
Indigo, nil *ou* nileh.
Indigner, dal ; — *il s'indigne*, idoul.
Indispensable, dourouri *ou* lazem.
Indispensablement, hatmâ.
Individu, freud ; *pl.* afreud.
Indubitable, akid *ou* ma fils chekk.
Inégal, ma hou soua.
Inévitable, là boudda ninhou.
Infâme, fahache *ou* quebih.
Infini, ma louh hadd *ou* bila haded.
Ingrat, nakeur-el-mârouf.
Inhabité, reïr meskoun.
Injure, chetima *ou* chetim.
Injuste, dalem.
Innocent, berri ; *pl.* abrïa.
Innombrable, la iouaâd.
Inscription, ketaba.
Inscrire, kïd fi defteur.
Insensé, magnoun.
Inspecteur, nadeur.

Insolent, sefih *ou* metkebeur.
Instrument, aleh ; *pl.* alat.
Intelligent, fehîm *ou* aqueul.
Intention, niya *ou* queçod.
Intérêt; afada.
Intérêt (1) (*d'argent*), faïda.
Inutile, réïr nafa.
Invalide , agouz ; *pl.* aou-
gueuz.

Inventer, akhtra ; — *il invente,*
ikhetra.
Invention, abda'a ; *pl.* abted'-
a'a.
Italie, bèled Italia.
Italien, Taliani.
Ivoire, âgue *ou* senân fil.
Ivre, sekran.
Ivresse, sekra *ou* dehcha.

J

Jachère, ardh martaha.
Jactance, fechàr.
Jadis, qadîman *ou* zeman.
Jalousie, rira.
Jaloux, riyâr.
Jamais, açlan *ou* amri.

Jambe, saq ; *pl.* saqat *ou* siqàn.
Jardin, genineh ; *pl.* genaïm
ou bestan.
Jarre, zir ; *pl.* aziar.
Jarretière, reboth-el-saq.
Jaspe, iacheub.

(1) La religion mahométane défend aux Musulmans de placer
de l'argent à intérêt. En plusieurs endroits, le Coran interdit
formellement ; ce passage en est un exemple : « Ceux qui man-
« geront l'usure (l'intérêt de l'argent) ne se lèveront que comme
« gens que Satan aurait accablé du joug des esprits infernaux. »
C'est-à-dire qu'à la résurrection ils seront semblables à des
épileptiques dans leurs accès et incapables de diriger leurs mouvements. Ces idées, comme on le voit, sont d'un autre temps et
d'une autre société que les nôtres.

Jaune, açfar ; *pl.* çefeur.

Jérusalem, el-Quedèche.

Jeter, rema ; — *il jette*, irmi.

Jeu, lab.

Jeudi, ioum-el-khamis.

Jeune, seghir ; seghar.

Jeûne, çiam *ou* çoum.

Jeûner, çam ; — *il jeûne*, içoum.

Jeunesse, cheboubia.

Joaillier, çàir *ou* gòhargi.

Joie, farha *ou* souroûr.

Joindre, gema ; — *il joint*, igmal.

Joue, kheded : *pl.* khedoud.

Jouer, la'ab ; — *il joue*, ila'ab.

Jour, ioum ; *pl.* aïam.

Jourdain (fleuve), Harden.

Journal, aouraq-ioumia *ou* akbar-ioumia.

Journée, ioum ; *pl.* aïam.

Journellement, koul-ioum.

Juge, cadi ; *pl.* cadat.

Juif, iouoûdi ; *pl.* ioud.

Juillet, temoûz.

Jument, fâras ; *pl.* faress.

Jurer, halaf ; — *il jure*, ihalaf.

Jusque, léhadd *ou* hatta.

Juste, çahih.

Justement, badeul.

Justice, el-cherïa-allah.

Justifié, mehaqqaq.

K

Kali (plante maritime), achân.

Karabé (ambre jaune), karaba.

Karat (poids), qirath.

Kermès, quermess.

Khan (hôtel du Levant), kan ; *pl.* kanat.

Kiosque, kechke.

Koufique, khot koufi.

L

Là, hénnak.

Labourage, haratsa.

Laboureur, fellah ; *pl.* fellahïn.

Lac, birkeh ; *pl.* brek.

Lâche, gebau ; *pl.* gebaïn.

Lâcher, irkhi ; — *lâche-moi,* arkhini.

Laid, ouache.

Laine, çouf ; *pl.* açouaf.

Laisser, tarak ; — *il laisse,* itarouk.

Lait, lèben *ou* halib.

Laitage, lèbounat.

Laitue, khass.

Lame (de la mer), mouga.

Lame (instrument tranchant), neçla ; *pl.* neçal.

Lampe, candil ; *pl.* canadil.

Lance, mezraq ; *pl.* mezariq.

Langage, loret *ou* lessan.

Langue, lessan ; *pl.* elsena.

Lanterne, fânous ; *pl.* fouanis.

Lapin, arneb.

Large, ouaça.

Larmes, demouâ.

Latitude, ardh ; *pl.* aroudh.

Lavage, resel.

Laver, arsal ; — *il lave,* iarsel.

Lavoir, mersel.

Lécher, alhass ; — *il lèche,* ialhass.

Leçon, tâlim.

Léger, khefif ; *pl.* khefaf.

Légitime, cheri, haq *ou* halal.

Legs, ouçia ; *pl.* aouaqaf.

Légumes, khedra ; *pl.* khoudar.

Lentilles, adset *ou* aâdas.

Lèpre, baraç.

Lépreux, abraç.

Lequel, elli.

Lessive, bouradâ.

Lettre, mektoub ; *pl.* mekatib.

Lettre (de l'alphabet), harcuf ; *pl.* hurouf.

Leur, houm.

Lever, refà ; — *il lève,* irfà.

Lever (se), qàm ; — *il se lève,* yquôum.

Lèvre, cheffa ; *pl.* cheffaf.

Libéral, kerim ; *pl.* karam.

Liberté (à un esclave), atâq.

Liberté (de conscience), harrïah.

Libre, metlouq-el-harrïah.

Lieu (endroit), metrah ; *pl.* metarah.

Lieue (arabe), malaqa ; *pl.* malaqat.

Lieux (d'aisance), chechemah *ou* mestrah.

Lime, mebreud ; *pl.* mebareud.

Limite, hadd ; *pl.* hadoud.

Limon (fruit), limoun.

Limon (boue), tin.

Limonade, cherab-el-limon.

Lin, kitan.

Linceul, kefan ; *pl.* akefan.

Linge, qemache biadh.

Lingerie, qemachett.

Lion, seba ; *pl.* sebouà.

Lire, qera ; *— il lit,* iqera.

Lisière, taref ; *pl.* ataref.

Lit (matelas et couvertures), frèche.

Lit (bois ou fer), tekhett ; *pl.* tekoud.

Livre, ketab ; *pl.* ketoub.

Livre (poids) rotle ; *pl.* ârtal.

Loger, sekken ; *— il loge,* isken.

Logement, menzil ; *pl.* menazil.

Logeur, çahab khan.

Loi, namôus-el-tebia

Loin, baïd.

Loin (de), min baïd.

Long, taouil ; *pl.* taouâl.

Longue-vue, nadàra.

Longuement, touila.

Lorsque, lamma.

Louage, kera.

Louche, aâhoul.

Louer, kera ; *— il loue,* ikri.

Louer, ameda, echekeur. *ou* fahan.

Loup, dib ; *pl.* diab.

Lourd, tseqil ; *pl.* tseqal.

Lumière, nour ; *pl.* anouar.

Lumineux, menir *ou* nïr.

Lune, qameur.

Lune (clair de), dau-el-qamr.

Lunettes, aouinat *ou* aïoune.

Lupin (plante), termess.

Lutin (esprit follet), quetreub ; *pl.* quetareb.

Lutte, meçarâa.

Luzerne, berçim.

M

Machine, àla ; *pl.* alàt.
Maçon, benna ; *pl.* benaïm.
Madame, sitte ; *pl.* settat.
Magasin, magzen ; *pl.* magazen.
Magie, sahi.
Magique, sahri.
Magicien, sahar ; *pl.* souhara.
Magistrat, hakem ; *pl.* hakkam.
Maigre, mâzoul *ou* nesir.
Main, id ; *pl.* aid.
Maintenant, delouaqt.
Maire (ou chef de village), cheïk-el-beld.
Mais, amma *ou* lakin.
Maïs, dourra.
Maïs (blanc), dourra chami.
Maïs (jaune), dourra meçri.
Maison, bit ; *pl.* bïout.
Maître, sid ; *pl.* asiad.
Mal, chereur ; *pl.* cherour.
Malade, aïan *ou* marìd.
Mâle, dakker ; *pl.* doukour.

Malheur, mouciba.
Malheureux, meskin ; *pl.* mesakin.
Malin, cherir *ou* mouni.
Malle, çandouq ; *pl.* çenadiq.
Malsain, mouderr.
Mamelle, biz ; *pl.* abizaz.
Manche, koum ; *pl.* akman.
Mangeoire, medoud ; *pl.* medaoud.
Manger, akal ; — *il mange,* iakôl.
Manteau, bournouss.
Mantille, mendil ; *pl.* menadil.
Maquignon, dellal-el-khaïl.
Marbre, rekham.
Marchand, tager ; *pl.* taggâr.
Marchandise, deba'â ; *pl.* bedaïa.
Marche (escalier), dèrège.
Marche, mesafa *ou* mesira.
Marché (bon), rakhiç.
Marcher, mecha ; — *il marche,* imchi.

Mardi, ioum-el-tselata.

Maréchal-ferrant, bîtâr ; *pl.* biṭara.

Mari, goûz.

Mariage (1), gaouaz *ou* giza.

Marmite, bourmeh *ou* quedra.

(1) Le mariage est regardé chez les Musulmans comme le plus important des actes civils. A leurs yeux, un homme marié a plus de mérite devant Dieu que le célibataire le plus pieux. L'âge fixé pour contracter mariage est l'âge de puberté ; cependant il se contracte souvent avant cet âge, mais alors les époux ne sont mis en relations conjugales qu'autant qu'ils l'ont atteint.

La loi accorde au Musulman jusqu'à quatre femmes, qui toutes doivent être Musulmanes ; néanmoins les jurisconsultes valident le mariage contracté avec une juive ou une chrétienne.

Par contre, la femme Musulmane ne peut se marier qu'avec un Musulman. Rarement, pour ne pas dire jamais, le prétendant voit la personne qu'il est dans l'intention d'épouser. Si les parties croient que le mariage s'accomplira, le prétendant peut voir la figure et les mains de sa future épouse ; les Musulmans disent : « La figure est le siége de la beauté, et les mains indiquent la conformation du corps. »

Un fils peut se marier sans la permission de ses parents ; néanmoins, s'il est trop jeune, c'est-à-dire s'il n'est pas reconnu apte à gérer ses biens, il a besoin de l'autorisation de son père, ou d'un tuteur représentant ce dernier. La jeune fille a besoin de l'autorisation de ses parents ; en cas de mauvais vouloir de la part de ceux-ci, ou à leur défaut, l'autorité peut la marier. L'engagement de se prendre pour mari et femme doit être clairement exprimé devant deux témoins. Voici les formules que généralement on emploie. Le prétendant dit au tuteur de sa fiancée : « M'accordes-tu en mariage une telle, à la charge par moi de lui payer un don nuptial de tant ? »

Le tuteur répond : « Je t'accorde pour épouse une telle, à condition par toi de lui payer un don nuptial de tant ! ». Tout, chez la jeune fille, tient lieu de consentement : le rire, le silence et même les pleurs.

Le mari offre un repas auquel sont invités les parents et les amis ; il dure quelquefois plusieurs jours. Des matrones se chargent d'introduire la nouvelle mariée dans la chambre de son

Marmiton, rasal *ou* sokhoun.

Marteau, qaddoum ; *pl.* qedaddim.

Massue, neboûl; *pl.* nebabit.

Mât, çari; *pl.* çaouari.

Matelas, ferâche; *pl.* fourache.

Matelot, bahri.

Matière, mâdde.

Matin, çebà; — *de bon matin*, bèddri.

Mauvais, bâtel *ou* battal.

Méchant, radi *ou* cherir; *pl.* achrar.

Mèche de lampe, fetilat; *pl.* fetaïl.

Médecin, hakim *ou* tebib.

Médicament (drogue), daoua.

Méditerranée, bahar-el-oustani.

Méfiant, khaoûan.

Meilleur, hasen *ou* afdel.

Mélé, maklout.

Mélér, khalet; — *il mêle*, ikhlet.

Melon, qaoûn *ou* harèche.

Même (joint aux pronoms), nèfs; *moi-même*, nèfsi.

Même (adj.), ouhsaed.

Mémoire, tezker *ou* fèkr.

Menace, terhid *ou* tehdid.

Menacer, hadded; — *il menace*, ihadded.

Mendiant, chahhad.

Mendier, achehed *ou* asaâl.

Mensonge, kedeb *ou* kezeb.

Menteur, kadab *ou* kaddab.

Menthe, nànâ.

Mentir, kedeb; — *il ment*, ikdib.

Menton, daqn.

Menuisier, naggàr.

Méprisable, haqir.

Mépriser, hattequeur.

Mer, bahar.

Mer-Rouge, bahar-el-Ahmeur.

époux. Cette dernière formalité est très-bruyante ; une musique composée de quelques instruments en cuivre, d'une grosse caisse et d'un ou plusieurs chapeaux chinois est conviée ; elle marche en tête du cortége. Les femmes poussent les cris répétés de : you ! you ! you ! et tout ce tapage infernal mêlé aux sons peu harmonieux des cuivres, ne finit qu'à la porte du nouveau marié. — Voir, pour plus amples détails, la *Civilité musulmane*, de M. Cadoz.

Merci, ketsir Allah khirek (1).

Mercredi, ioum-el-arbaâ.

Mercure, zibaq.

Mère, oûm; — oumi, *ma mère;* — oumck, *ta mère.*

Messager, resoul, mersoul *ou* chïal.

Mesure (longueur), qïas *ou* aïar.

Mesure (précaution), triqat *ou* traïq.

Métier (profession), harfa; *pl.* arf.

Métier (machine), naoul; *pl.* enoual.

Mettre, hott *ou* oudha.

Meuble, matà'à.

Miche, rarîf.

Midi, el-dhor.

Miel, asel nahal.

Mieux, àhsan.

Milice, raddif *ou* àskeûr.

Milieu, oust; — *milieu de la maison*, oust-el-béït.

Mille (lieue arabe), mâlàqa; *pl.* mâlaq.

Minaret, madneh.

Mince, reqiq.

Ministère de la guerre, dioûân-el-askérïà.

Ministère des finances, dioûân-el-haznah.

Ministère de la justice, ouzara-el-qedda.

Ministère de la marine, dioûân-el-bahar.

Mine (de métaux), maden; *pl.* maâden.

Minuit, nouss-el-lil.

Minute, deqiqa; *pl.* deqaïq.

Miracle, agouhba *ou* magza.

Miroir, meraïa.

Moelle, noukhaâ.

Moi, ana.

Moine (musulman), derviche.

Moine (chrétien), raheb; *pl.* rouhébân.

Moins (adv.), naqoce *ou* illa.

Mois, chahr; *pl.* chehour.

Moitié, nouç.

Mollement, berkhaoua.

Mollesse, rekhaoua.

Mollet, laham-el-saq.

Moment, ouaqt; *pl.* ouaqat.

Momie, moumiah.

(1) Dieu augmente ton bien.

Monarque, soultàn.

Monastère, dir ; *pl.* dioùra.

Monceau, kouma ; *pl.* kimân.

Monde, dounia *ou* aâlam.

Monnaie, felous.

Monsieur, sidi ; *pl.* siadi ; — *à un Européen,* kaouaga.

Montagne, gebel ; *pl.* gebal.

Monter, tella ; — *il monte,* itela.

Montre, sa'a.

Montrer (indiquer), aourâ ; — *il montre,* iouarri.

Monument (à la mémoire d'une personne célèbre), allser mechhour.

Mordre, add ; — *il mord,* ia'odd.

Morose, kecheur *ou* chereuss.

Mors (bride), ligam ; *pl.* legm.

Mort, moût.

Mortellement, chedida.

Mortier (pour piler), haoûn *ou* mahrass.

Mortier (pièce d'artillerie), haoûn ; *pl.* haaôuan.

Mosquée, gama'à ; *pl.* gouâmâ.

Mot, kellema ; *pl.* kellam.

Mou, rekbou, trî *ou* lin.

Mouche, debbana ; *pl.* debbàn.

Mouchoir, mandil ; *pl.* menadîl.

Mouchoir de tête (pour homme), coufîh.

Moudre, than ; — *il moud,* ithàn.

Moue, tebouiza.

Mouillage, mourdat *ou* mersa.

Mouillé (adj.), nediane, mebellel *ou* mableloûl.

Moule (poisson), am kheloul.

Moulin, tahoun ; *pl.* tahouahin.

Mourir, mat ; — *il meurt,* incoût.

Mousseline, chache *ou* chachat.

Moustache, chareb ; *pl.* chouareb.

Moustique, namousa ; *pl.* namous.

Moustiquaire, namousih.

Moutarde, kheurdel.

Mouton, kharouf : *pl.* khouarif.

Mouvant, metarck.

Mouvement, harqah ; *pl.* harqat.

Mouvoir, harrek ; — *il se meut,* iharkou.

Moyen (qui sert pour parvenir à quelque chose), ouasayel.

Moyen (entre deux extrémi-
tés), oustani.
Muet, akhras; *pl.* khrass.
Mufti, mufti.
Muguet, medaf *ou* sousen.
Mulâtre, moulled *ou* naghil.
Mulet, barll; *pl.* barâl.
Multiplication (*opération
arithmétique*), darbb.
Multiplier (augmenter), ket-
ser; — *il multiplie)*, iketser.
Multitude (le grand nombre),
el-chaâb *ou* el aâma.
Munir (se), aâttaddab.
Munition, dekhira; *pl.* dekhaïr.
Mur (muraille), hit; *pl.* hitan.

Mûr (adj., dans sa maturité),
iana *ou* mestaoui.
Muscle, adaleh; *pl.* âdll.
Musicien, alati; *pl.* alatiyeh.
Musulman, Meslem; *pl.* Me-
selmin.
Mutation, teghïïr.
Mutiler, aouôur.
Mutin, anid.
Mutinerie, açian.
Mutuellement, badhom bad.
Myope, qeçir nedheur.
Myosotis, adzan-el-far.
Myrrhe, mour.
Mystère, seur; *pl.* asrar.
Mythologie, marfat sir.

N

Nacarat (adj.)) amheur fatah.
Nacelle, qarebb; *pl.* qouareb.
Nacre, çadaf.
Nageoire, genah; *pl.* agena-
heb.
Nager, aâm; — *il nage*, yâm.
Naïade, arousa-el-mïa.

Naïf, besith.
Naissance, oulada *ou* milad.
Naître, ouled; — *il naît*,
iouled; — *né*, mouloud.
Nappe, biz-el-sofrah.
Narine, menakheur; *pl.* me-
nakhir.

Narrateur, raoui *ou* naqueul.

Narration, qeçça *ou* rouaïh.

Narrer, khaber; — *il narre,* ikhabber.

Natation, el aoûm.

Nation, taïf; *pl.* touaïf.

Natron, natroûn.

Natte haçira; *pl.* haçeur.

Natte (de cheveux), dhefira chaâr.

Nattier, houçouri.

Nature, tebiah.

Naturel, tebiaï.

Naturellement, beltebâ.

Navigateur, mesafeur fi el bahar.

Navigation, habrich.

Navire, sefina; *pl.* sefaïn.

Néanmoins, lakin.

Néant, la chi.

Nécessaire, dherouri *ou* lazem.

Nectar, rhaïq *ou* charab-el-selsebil.

Ne pas, mou chi.

Nécessité, douroura.

Négligent, methamel.

Négoce, tagarâ.

Négociant, taggar; *pl.* tougar.

Nègre, asoud; *pl.* soudan.

Négresse, gasia souda; *pl.* gouaz soud.

Neige, tseldje.

Nénufar, niloufar.

Néréides, n'hat-el-bahr.

Nerf, arq; *pl.* areuq.

Net, nadhif; *pl.* nadhaf.

Nettoyer, mesah; — *il nettoie,* iemsih.

Neuf, gedid; *fém.* gedida.

Nez, anef; *pl.* anaf.

Ni, oula.

Niable, iounkeur.

Nid, ache, *pl.* achache.

Nier, nekeur; — *il nie,* inkeur.

Niveau, mesaouah.

Noble (1), chérif.

Noce, frah; *pl.* afrah.

(1) Par chérif on entend tout individu, homme ou femme, descendant du Prophète, directement et par les mâles, par la branche de Fath'ma, la plus jeune des filles de Mahomet et la plus aimée de lui; elle fut mariée à Ali-ben-Abou-Tàleb. La descendance par Fath'ma constitue aujourd'hui la seule noblesse reconnue chez les Musulmans. Le titre de chérif exerce quelque-

Nocturne, lili.

Nœud, aqueda *ou* aouqad.

Noir, essoûd ; *pl.* assouad.

Noisettes, bendouq.

Noix, goûz ; — *noix des Indes*, goûz Hindî.

Nom; esm ; *pl.* esma.

Nombre, add ; *pl.* adad.

Nombril, sourra.

Non, la.

Non plus, oula ana.

Nonchalamment, bethamel.

Nord, chemal.

Nôtre, na (*affixe*) (1).

Nouer, aqod ; — *il noue*, iaqod.

Nougat, haloua louzia.

Nourrice, murda'â ; *pl.* muradâ.

Nourrir, arda'â ; — *il nourrit*, iourdi.

Nourrisson, redia ; *pl.* redaïa.

Nourriture, thaâm *ou* quôut *ou* akal.

Nous, nàhna *ou* ahna.

Nouveau, gedid ; *pl.* gouded *ou* gedad.

Nouvelle (*subs.*), khebar ; *pl.* akhebar.

Novembre, tachrine el tsani.

Novice, rachim *ou* gahal.

Noyau, nouaia ; *pl.* noûaï.

Noyer (*arbre*), gouza ; *pl.* gouz.

Noyé, gherqàn.

Nu, aâri *ou* arian.

Nuage, reïm ; *pl.* ruioûm.

Nuance, chekeul ; *pl.* achekal.

Nuit, lil ; *pl.* lial.

Nul (*aucun*), ou la ouahed.

---

fois un grand prestige sur les masses, mais il ne comporte pas toujours la richesse et la puissance. Il est des localités où les chérifs exercent, comme d'autres particuliers, les fonctions les plus humbles. La qualité de chérif doit être établie par un titre de filiation écrit sur une grande feuille de papier ou de parchemin. Les chérifs sont respectés de leurs coreligionnaires. En cas de misère, ils ont droit à des secours en argent, prélevés sur les fonds du trésor public ; dans certains pays, ils sont exempts d'impôts.

(1) Voir, pour les pronoms, l'excellente grammaire de M. Bresnier, professeur à la chaire d'Alger.

Nul (sans valeur, inutile), la infâ *ou* bâtel.

Numéraire, maâmela *ou* draham.

Numéro, nemra ; *pl.* nemeur.

Nuptial, zigui *ou* aaress.

O

Oasis, el-ouah ; *pl.* el-ouahat.

Obéir, taà ; — *il obéit*, iti.

Obéissant, taia *ou* moutia.

Obélisque, messelah.

Obéré, mesfless.

Obésité, semna zaida.

Objet, chi ; *pl.* achia.

Oblations, teqedim.

Obligation (reconnaissance), ouageba *ou* mennia.

Obligation (engagement de payer), temesek.

Obligeant, marouf.

Obligé (qui a contracté une obligation), melzoûm.

Oblique, maïl.

Obscène, fahâche.

Obscénité, fahâcha *ou* aïb.

Obscur, dellem *ou* atem.

Obscurité, atema *ou* dellam.

Obsèques, genaza.

Obstacle, mana ; *pl.* mouana.

Obstination, maanada *ou* mouqueul.

Obstiné, anid.

Obtenir, nâl ; — *il obtient*, inâl.

Obtention, noual *ou* mhaçoul.

Occasion, fourça ; *pl.* fourçat.

Occident (l'), Ghereb *ou* Mogreb.

Occidental, gherbi.

Occupation, chegoul ; *pl.* achegal.

Ocre, azukan.

Octobre, techerin aououl.

Odieux, mekrouh.

Odorat, el-chemm *ou* el-chàm-ma.

OEil, aïn ; *pl.* aïoun.

OEillet (fleur), qerenfel.

OEuf, bidha ; *pl.* bidh.

Offense, khetïa ; *pl.* khetaïa.

Officiellement, mouatmed.

Officier (militaire), riaïs ; *pl.* rouhasa.

Officieusement, bemarouf.

Offrir, queddem ; — *il offre,* iqueddem.

Oignon, baçl ; *pl.* baçal.

Oh ! (interjection), ïah !

Oie, ouzza ; *pl,* ouzz.

Oiseau, tir ; *pl.* tiour.

Oiseau (petite espèce), astour ; *pl.* açafir.

Oisif, sendal ; *pl.* sendalat.

Oisiveté, bethala.

Oléagineux, zina.

Olive, zitouna : *pl.* zitounn.

Ombrage, dhel-el-chegeur.

Ombre (apparence fantastique), khïal.

Ombrelle, chemchïa.

Oncle (frère du père), âmm ; *pl.* âamam.

Ongle, dhefeur ; *pl.* adhefar.

Onyx, gezà.

Opération (calcul), hasab.

Ophthalmie, remeda *ou* remeud.

Opinion, raâ ; *pl.* ara.

Opium, afiyoûn.

Opportun, fi ouqtou.

Opposant, maàredh.

Opposer, daded ; — *il oppose,* idaded.

Opprimer, dhelem ; — *il opprime,* idhellem.

Opter, akhetar ; — *il opte,* iakhetar.

Opulent, ousia-el-mal.

Or (subs.), deheb.

Oraison (prière), çalat ; *pl.* çlouat.

Orange, berteqanat ; *pl.* berteqànn.

Orateur, khetib ; *pl.* kheteba.

Orbite, bit-el-aïn.

Orchestre, moudâ-el-nouba.

Ordinaire, mâtad.

Ordonnance, hakem ; *pl.* ahakam.

Ordre, ameur ; *pl.* aouameur.

Oreille, oudenn ; *pl.* aoudân.

Orfévre, çaïr ; *pl.* çouyar.

Orfraie (aigle de mer), aqab : *pl.* aquebàn.

Organe (voix), çout.

Organisation, teurkib.

Orge, chaïr.

Orient, Mechereuq ; *pl.* Mechareuq.

Oriental, cheurqi.

Origine, açeul ; *pl.* açoul.

Orner, zïn ; — *il orne,* izïn.

Ornière, guerra.

Ornithologie, marfâ-el-tiour.

Orphelin, itim ; *pl.* itaâmi.

Orteil, balsem-el-regil.

Os, adhem ; *pl.* adham.

Oseille, khoumaïd.

Ostentation, tefakheur *ou* mefakhera.

Ou (conj.), ouala *ou* amma.

Où (adverbe), aïn, féïn *ou* ouïn.

Oubli, nsou *ou* nesoua.

Oublier, nsa ; — *il oublie,* insa.

Ouest, Moghereb.

Ouïe (sens), el-semâ.

Ours, debb.

Outre, dereuf ; *pl.* derouf.

Outre (prép., au delà), men ourra.

Ouverture, fethat *ou* khereuq.

Ouvrage, cherhell ; *pl.* acherhall.

Ouvrir, afetah ; — *il ouvre,* ifethah.

Ouvert, meftouh.

Ovipare, itouled men bhid.

Oxigène, rouh-el-haïoat.

P

Pacte, hahed ; *pl.* hahoud.

Page, çafha ; *pl.* çfah.

Pagne, ouzrat.

Païen, laoutsan.

Paillasse (amas de paille pour coucher), traha teben.

Paille, teben *ou* queche ; *pl.* quechouche.

Pain, khobz *ou* aïche.

Pair, (égal), querin ; *pl.* aqrân.

Paisible, raïq.

Paître, arâa-el-hachiche.

Paix, çalah.

Pal, khazouq ; *pl.* khouaziq.

Palais, seraïa ; *pl.* queçour.

Pâle (blême), bahett.

Palefrenier, saïs ; *pl.* sïass.

Palestine, blad-el-Flestine.

Palette, loubat-el-loun.

Pâleur, açfrar.

Palissade, çeuf achegar.

Palme, tebla ; *pl.* toubeul.

Palmier, nekhela ; *pl.* nekoll.

Panacée, douâ aâmm.

Panier, qouffa ; *pl.* quefeuf.

Pantalon, seroual ; *pl.* seraouïl.

Panthère, nemeur.

Pantoufle, baboug ; *pl.* babouga.

Papa, baba.

Papillon, becchara

Papyrus, filkoune *ou* koulane.

Paquet, çourra ; *pl.* çourar.

Par, men-bil.

Par là, men henak.

Paradis, feurdouss-genna.

Parapet, daïr-el-sour.

Parasol, chemchïa.

Pardon, marfara.

Pareil, metsel-metsil.

Parent, querib ; *pl.* queraïb.

Parer, zïn ; — *il se pare*, izïn,

Paresse, touani *ou* kesel.

Paresseux, kesslân ; *pl.* kessala.

Parfait, kamel.

Parfum, ateur *ou* bekhour.

Pari, rahàn.

Parler, kellem ; — *il parle*, ikellem.

Parmi, beïn.

Partage, quesem ; *pl.* aquesam.

Partager (entre), freuq-béïn.

Partir, safeur ; — *il part*, isafeur.

Partout, fi koul-moudha,

Parure, zina.

Parvenir, ouçeul ; — *il parvient*, içeul.

Pas (mouvement du pied), khetoua ; *pl.* khetouat.

Passage, merour *ou* abour.

Passager (embarqué), roukaâb-merkeb.

Passion (amour), acheuq.

Pastèque, batikh.

Pastille (douceur), habb ; *pl.* haboub.

Pâte, agine *ou* agina.

Patente, tequesit.

Patience, çebeuŕ *ou* açetebar.

Patient, taouïl.

Pâtisserie, halaoua *ou* fetira.

Pâtissier, fetatra ; *pl.* fetatria.

Patriarche, batrak.

Patrie, outhen *ou* milad.

Patte, ragel ; *pl.* argal.

Pâture, akhela *ou* qout.

Paume (de la main), keff-khe-louat.

Paupière, keba-el-aïn *ou* ge-fenn.

Pauvre, meskin ; *pl.* mesakin.

Pavage, teblit.

Pavillon, bendira *ou* sangaq.

Paye (solde), gamkiah.

Payement, defâ *ou* defaâ.

Payer, defâ ; — *il paye*, idefaâ.

Pays, blad ; *pl.* beldân.

Paysan, fellah.

Péage, mekess.

Peau, gild ; *pl.* geloud.

Péché, khetia ; *pl.* khetaïa.

Pêche, koukh.

Pégase, braq.

Peigne, mechet ; *pl.* amchat.

Peignoir, mahzem *ou* foutha.

Peindre, çour ; — *il peint*, içour.

Peine, cheqa.

Peintre, meçoûar.

Peinture, teçouïr ; *pl.* tecaouïr.

Peler, quecheur ; — *il pèle*, iquecheur.

Pelé, mentouf *ou* meqehour.

Pèlerin (1), hagi ; *pl.* hagag.

Pèlerinage, ziara.

(1) Le verset 192 du Coran recommande à tout bon Musulman, homme ou femme, de faire une fois dans sa vie le pèlerinage de la Mecque. Ce pèlerinage consiste à visiter le temple de la Kaàbah, qui, dit-on, fut construit par Abraham.

On croit généralement que le tombeau du Prophète est suspendu dans la Kaàbah, tandis que ses cendres reposent dans une chapelle à Médine. Trois mois de l'année sont désignés pour accomplir le pèlerinage ; ils sont regardés comme sacrés par les pèlerins. Le Musulman doit se préparer à ce pieux voyage par la méditation et la prière. On entre en pèlerinage en mettant le pied sur le territoire de la Mecque.

Dès ce moment, le Musulman se purifie, se dépouille de ses

Pélican, rekhema ; *pl.* rekhem. | *Pelouse*, khedra.
Pelle, megherfa. | *Pelu*, mouchaâr.

habits pour se revêtir de ceux de pèlerin, composés de deux simples pièces d'étoffe : l'une couvrant les épaules et la poitrine, l'autre les reins et les jambes. Il laisse croître sa barbe, ses cheveux, ses ongles et se garde bien de tuer aucun insecte, aucun animal ; il ne doit s'écarter de cette règle que pour des animaux féroces ou des insectes venimeux qui pourraient mettre sa vie en danger.

L'Europe, l'Asie et l'Afrique fournissent des masses de pèlerins ; tous se réunissent sur le territoire sacré.

Mahomet a dit : « Six cent mille fidèles viendront tous les ans en pèlerinage ; si ce nombre n'est pas atteint, il sera complété par des anges. »

Chaque année, le Sultan de Constantinople envoie à la Mecque un magnifique tapis pour la Kaâbah. L'arrivée du tapis donné par S. H. est l'objet d'une grande solennité. Il est reçu au débarquement par les autorités civiles et religieuses et porté processionnellement à la grande mosquée de la Citadelle au Caire. Il est ensuite déposé dans une grande boîte, sous un dais d'argent dont quatre Oulémas tiennent les montants.

Un grand voile brodé en or et qui ne le cède en rien à celui donné par le Sultan est aussi offert à la Kaâbah par S. A. le viceroi d'Egypte.

Une fois le gros de la caravane rassemblé dans les environs du Caire, le fameux tapis, escorté par une foule immense portant des étendards de toutes couleurs, s'avance porté par un chameau richement caparaçonné. Un bâtiment le prend à son arrivée à Suez pour le transporter à Djeddad, d'où il est porté à la Mecque avec le même cérémonial.

Les principales cérémonies des pèlerins consistent à faire sept fois le tour de la Kaâbah, à faire une station sur le mont Arafa à la Mecque, et des promenades dans l'espace qui sépare Safa du mont Meroua, tous deux voisins de la ville sainte. Les cérémonies accomplies, le Musulman se fait raser, couper les cheveux et les ongles. La femme se coupe l'extrémité des cheveux. Le grand-cheik de la Mecque renvoie au Sultan, par le retour de la caravane, un autre tapis magnifique, sur lequel S. H. doit faire sa prière pendant toute l'année.

13

Pendant d'oreilles, halqa; *pl.* halaq.

Pendre, allaq; — *il pend,* ialaq.

Pénétration, dekhoul.

Pénétrer, dakheul; — *il pénètre,* idkoul.

Péninsule, guezira; *pl.* guezaïr.

Pénitence, qanoun *ou* kefara.

Pensée, fekhra; *pl.* fekeur.

Penser, tefekheur; — *il pense,* itefekeur.

Pension, aloufa; *pl.* alaïf.

Pénultième, quebel-el-akher.

Percement, kharcuq *ou* tsequeub.

Perception (recette), quebed-mal.

Perdre, diya; — *il perd,* idi.

Perdu, mefqoud.

Perdrix. hagl.

Père, ab *ou* abou.

Perfection, kamâl.

Perfide, kaïn *ou* khouân.

Péril, kheteur; *pl.* akhetar.

Périodique, doura *ou* daïr.

Périr, halak; — *il périt,* yhlek.

Peristyle, rouaq.

Perle, louli; *pl.* loulou.

Permanent, daïm *ou* medoum.

Permettre, khalla; — *il permet,* ikalli.

Permission, agazah.

Perquisition, tefliche.

Perroquet, derra *ou* dourra.

Perruquier, mezïn.

Persan, Agemi; *pl.* Agem.

Perse, blad-el-Agem.

Persienne, mekherrem.

Persil, meqdouness.

Pesant, tseqil.

Pesée, ouzana.

Peser, ouzeun; — *il pèse,* iouzen.

Peste, koûbba *ou* taâoûn.

Petit, çouraïr.

Petit à petit, quelil-quelil.

Pétrin, çendouq-el-agen.

Pétrir, agen; — *il pétrit,* iagen.

Pétulant, betrân.

Peu, chouïa *ou* quelil.

Peuplade, quoum; *pl.* aqouâm.

Peuple, nas, khelaq *ou* chab.

Peur, khouf *ou* gueza.

Peureux, khououïf.

Peut-être, imkenn.

Phare, menara.

Piastre, qirche; *pl.* qrouche.

Pièce (d'étoffe), maqta; *pl.* maqata.

Pièce (d'artillerie), medfa; *pl.* medafa.

Pied, quedem; *pl.* aqdem.

Piége, chercuk; *pl.* acherak.

Pierre, hagra; *pl.* haâgara.

Piéton, querrab *ou* queraba.

Pigeon, hamam; *pl.* hamaïm.

Pilau, rouz-mefelfel.

Pilote, mestamel.

Pilule, habb; *pl.* haboub.

Pince, meqraç.

Pinceau, quelem-châr.

Pincer, qaraç; — *il pince,* iqaraç.

Pincettes, machek *ou* masak.

Pipe, choubouk; *pl.* chebkat.

Piqûre, chekka.

Pisser, chouchouk.

Pistolet, tebânga *ou* ferd; *pl.* feroud.

Pitié, rahma.

Pivot, medar.

Place, mekân *ou* moudha.

Placer (mettre dans un endroit), oudâ; — *il place,* ioudha.

Plafond, sequeuf; *pl.* seqouf.

Plage, sahal; *pl.* souahal.

Plaie, geurha; *pl.* guerouh.

Plaine, sahl; *pl.* shel.

Plainte, anïn *ou* chekaïa.

Plaire, arad; — *il plaît,* iarad.

Plaisant, ibset.

Plaisanterie, mecheuq *ou* mecheqïa.

Plaisir, anbsat.

Plan (dessin), resm.

Planche (morceau de bois), louha-louh.

Planète, sïara.

Plantation, zeraâ.

Plante, acheba; *pl.* acheub.

Plat (vaisselle), tebeuq; *pl.* tebaq.

Platane, douleub.

Plateau, tebsi.

Platitude, semaga.

Plâtre, gibess.

Plein, miliàn *ou* melânn.

Pleinement, belmerra *ou* kolliâ.

Pleurer, beqa; — *il pleure,* ibki.

Pleureur, baqa.

Pleurs, demouà.

Pleutre, redil.

Plier, taoua; — *il plie,* itoui.

Plioir, metoua.

Plomb, reçaç.

Plombé, reçaça.

Plonger, retas ; — *il plonge*, iartass.

Pluie, metra ; *pl.* amtar.

Plume, richa ; *pl.* riche.

Plume (*pour écrire*), qallem ; *pl.* aqalem.

Plus (*davantage*), aktser *ou* azoud.

Plus (*outre cela*), aïdha.

Plusieurs, gemla.

Plus tard, bad.

Plus tôt, quelil-gabel.

Poche, gib ; *pl.* gioub.

Poële, tagen *ou* meqlaïa.

Poème, queçida ; *pl.* queçaïd.

Poète, chaâr ; *pl.* chara.

Poids, tseqil.

Poignard, khangar.

Poil, char.

Poing, quebda.

Point, noqta.

Poire, angass.

Pois (*légume*), besla-glbân.

Poison, sem ; *pl.* semoum.

Poisson, semka ; *pl.* semouk.

Poissonnerie, semmaka.

Poitrine, sederr.

Poivrade, teboul-felfel.

Poix, lebân-châma.

Poli, çeqal.

Police, siasa *ou* dereuk.

Polisson, makous.

Poltron, guebân-nedel ; *p.* andal.

Pommade, dehen-dehan.

Pomme, tefaha ; *pl.* teffah.

Pompe, tromba.

Pomper, sahab ; — *il pompe*, isahab.

Ponceau, hameur-douda.

Ponctuel, medebout.

Pont, qantrà ; *pl.* quenateur.

Populace, el-nass-gaïdia.

Populaire, maboub-men-el-châb.

Porc (1), khanzir ; *pl.* kanazir.

Porcelaine, feurfouri *ou* cini.

(1) Les Musulmans regardent le porc comme le plus vil, le plus immonde des animaux ; leur religion défend d'en manger. Tout animal devant être mangé par un croyant, doit être préalablement saigné sous le cou. Avant l'opération, l'exécuteur doit prononcer la formule : Besmallah ! sur sa victime. Cette prière

Porphyre, beurfir.
Port, mersa; *pl.* merasa
Porte, bab.
Porte-drapeau, birfedar.
Portefaix, hammal-chïal.
Porte-voix, bouq; *pl.* abouaq.
Porter, châl; — *il porte,* ichâl.
Porteur d'eau, saqa.
Portier, bououab.
Portion, naïb *ou* quesma.
Portrait, çoura; *pl.* çour.
Poser, hott *ou* oudha.
Positif, haqiqa.
Possédé (du démon), melbouss.
Poste, saàï *ou* bôsta.
Postillon, souaq.
Pot, ibriq, quederr *ou* halel.
Pou, qamel *ou* quemela.
Poudre, baroud.
Poudrière, mamel-baroud.
Poule, gaga *ou* farkha.
Poulie, bekra; *pl.* bekerr.
Pouls, nebed *ou* nebot.

Poumon, ria.
Poupe, moukherr.
Pour, menchân.
Pourboire, backchiche.
Pourri, netenn *ou* màfenn.
Pourquoi? lemada *ou* leh.
Pourvoyeur, mouôuâne.
Pourvu que, bechereutt-ânn.
Pousser, adefa; — *il pousse,* idefâ.
Poussière, terab *ou* âfar.
Poussif, meqtouâ.
Poussin, ketout; *pl.* ketatit.
Poutre, khecheba.
Pouvoir, aqder; — *il peut,* iqderr.
Pré, meurg; — *pl.* meroug.
Précaution, hasab-aqeul.
Précédemment, sabqa.
Précédent, salef-metaqdem.
Précepteur, mouaddeb *ou* mâllem.
Précis, medbout.

qui équivaut à notre *Benedicite,* se trouve en tête du Coran et peut se traduire par : « Au nom de Dieu clément et miséricordieux! »

Après chaque action de la vie, le Musulman remercie Dieu par cette autre formule : Hamdoullah, qui veut dire : Louange à Dieu.

Précurseur, bechir ; *pl.* bechaïr.

Prédicateur, karez *ou* karouz.

Préface, fouatah ; *pl.* fouatha.

Préférence, aktïar.

Préjugé, ouhem ; *pl.* aouham.

Premier, el-aouêl ; *pl.* aouôulin.

Prendre, akhod ; — *il prend*, iakhoud.

Préparer, haderr ; — *il prépare*, iaderr.

Prérogative, mezïa ; *pl.* mezaïa.

Près (à côté), qerib.

Présage, alâma *ou* achara.

Prescience, sabeuq-allem-allah.

Présent (cadeau), hedïa *ou* hadaïa.

Présentation, teqdîm-arhed.

Presse (d'imprimerie), metbâa ; *pl.* metâba.

Pressé (pressant), mestagel.

Pressoir, maçra.

Prêt (chose prêtée), selef.

Prêt (préparé à), hader.

Prétendu, mouhoûm.

Prêter, sellef ; — *il prête*, isellef.

Prier (Dieu), çallah-Allah.

Prière, souaâl *ou* çâlah.

Primitivement, fi-laouôul.

Prince, amir ; *pl.* amera.

Princesse, amira *ou* sïda.

Printemps, rebïa.

Priorité, aoulia *ou* sebeuq.

Prise (de tabac), chemma.

Prison, habs ; *pl.* habouss.

Privation, harmanïa *ou* harman.

Prix (valeur d'un objet), tsemen ; *pl.* atsman.

Probable, qerib-el-aqeul.

Probité, astqama.

Problème (question à résoudre), mesîala.

Prochain, qadem.

Prochainement, an-qarib.

Proche, qerib-men.

Proclamation, menadïa.

Proclamer, nada ; — *il proclame*, inadi.

Procuration, oukalat *ou* ouklïa.

Procurer, oukil ; *pl.* oukal.

Prodige, magueza.

Prodigieusement, agiba.

Prodigue, mousreuf.

Productif, metsmeur.

Produire, anchaâ.

Produit (revenu), mahçoul.

Proéminence, netoua.
Profanation, khesara.
Profane, gahel; *pl.* gouhaâl.
Professeur, mederress *ou* mallem.
Profil, meltefett.
Profit, menfaâ; *pl.* menafâ.
Profitable, nafa.
Profond (dont le fond est éloigné), gouïn *ou* amiq.
Profusion, afratt.
Programme, bïân.
Prolixe, touïl *ou* metouôul.
Promenade, riada *ou* sirân.
Promesse, ouad *ou* ouada; *pl.* mouaâïd.
Promettre, aouad; — *il promet,* iouâd.
Promontoire, rass.
Pronostic, raâ; *pl.* araâ.
Prophète, nebbi; *pl.* anbiaâ.
Propre, nedif; *pl.* nedaf.
Propriétaire, çahab; *pl.* açhab.
Propriété, mal *ou* melk.
Prosélyte (partisan), taba.
Prosodie, aroud.
Prospère, meqbel *ou* mouafeuq.
Prospérité, khir *ou* saada.
Prostituée, qaâba; *pl.* qahab.

Proue (terme de mer), meqdem-mèrkeb.
Promesse, metsel; *pl.* amtsal.
Province, aqlim; *pl.* aqalim.
Provisoirement, mhadra.
Prudemment, baqueul.
Prusse, melka-Brousia.
Prussien, Brousiani.
Public, amoumi.
Publier, nada; — *il publie,* inadi.
Publié, meskhour.
Puce, berrout.
Puceau, betoul.
Pucelle, bekar.
Pudeur, hïa *ou* oukar.
Puis, tsoum.
Puissamment, bequoua.
Puissant, qader *ou* qadir.
Puits, birr; *pl.* abiar.
Punaise, beuq.
Punition, aqouba.
Pupitre, mengelïa.
Pur, khalec *ou* çafi.
Purement, khalça.
Pureté (chasteté), neqaoua.
Purifier, taher; — *il purifie,* itaher.
Purpurin, ahmeur-argouani.

Pustule, demmela; *pl.* demma-mel.
Putride, afouna.

Pyramide, herem; *pl.* heram.
Pythonise (devineresse), arrafâ.

Q

Quadragénaire, abn-arbaïne.
Quai, reçif.
Quand, lemma *ou* aouoqt.
Quant à, amma.
Quantième, kam-fi-el-aded.
Quarantième, arbaïn.
Quart, rebâ, arbaâ.
Que, elli.
Quel ? aïna ?
Quelque, bad.
Quelquefois, bad-aouqat.
Qu'importe, ana mali.
Querelle, khenaq *ou* chekoul.
Question, soûâl.
Qui ? min.
Quille (d'un vaisseau), qar-merkeb.

Quinquet, qendil ; *pl.* quena-dil.
Quinquina, kina-kina.
Quintal, quentar; *pl.* quenatir.
Quinte (toux violente), salat.
Quinzaine, khamsa-achra.
Quinze, khâmmstache.
Quittance, khalèce *ou* ouçoul.
Qui vive ? men-hou ?
Quoi, aï *ou* aïche.
Quoi ! kif.
Quoi ? nâm.
Quoique, oulou ouan.
Quolibet, neqot; *pl.* anqat.
Quote-part, naïb *ou* quesem.
Quotidien, kefafi *ou* ioumi.

R

Rabais, neqoçe-tsemen.

Rabattre (faire descendre), nezzel *ou* outha.

Rabin, rabbana *ou* khakham.

Rabot, farat.

Raboter, amesah-bebfara.

Raboteux, ouaâr.

Raccommoder, reqqa ; — *il raccommode*, ireqqa.

Raccordement, tadil.

Raccourcir, queçeur ; — *il raccourcit*, iqeçeur.

Race, açeul.

Racine (d'arbre), areuq ; *pl.* arouq.

Rade, mourdat-mersa ; *pl.* merasi.

Radieux, zaher *ou* mechacha.

Radis, fegll ; *pl.* fegoûl.

Radoub, tequelfet.

Raffinerie, mâmel-sekor.

Rafraîchir, baried ; — *il se rafraîchit*, ibarred.

Rafraîchir (le sang), rettob-el-dem.

Rafraichissement, mebarred.

Rage, kalab.

Raie, khoth ; *pl.* khetoût.

Raisin, aneb ; *pl.* aânab.

Raison, aqueul *ou* haqq.

Rajeunir, gedded-el-chebab.

Rame (aviron), moqueddaf ; *pl.* megaddif.

Ramener, regga ; — *il ramène*, iregga.

Ramer, qeddef ; — *il rame*, iqeddef.

Ramier, haman-berra.

Rançon, fada.

Rang, moudha ; *pl.* mouadha.

Rappeler, fekeur-fi.

Rapport (rentes), ouared *ou* mhaçoul.

Rapport (écrit), nequeul *ou* akbar.

Rapt, akttaf.

Rapprochement, tequerib.

Rare, nader *ou* quelile.

Rasade, kass-melân.

Raser, halloq; *il rase*, ihalloq.

Rasoir, mous; *pl.* mouas.

Rassasier, chebba *ou* achebba.

Rassemblement, lemm; *pl.* lemoum.

Rassembler, âgemâ.

Rat, far; *pl.* firân.

Rattraper, lahaq *ou* imsek.

Raves, fegel *ou* lefte.

Ravin, sill; *pl.* sioul.

Ravissant, khateuf *ou* guemile.

Rayer, cherreth.

Rebelle, âci; *pl.* aouçaâ.

Rebours (à), mcqueloube.

Récemment, min-qarib.

Récent, guedid; *pl.* gueded.

Réception, ouçoul.

Recevoir, qobel; — *il reçoit*, iqobel.

Réchaud, nafeukh *ou* kanoun; *pl.* kouanïn.

Recherche, telleb *ou* tefetèche.

Récit, dzekeur.

Recommandation, ouçia; — *lettre de recommandation*, mektoub-touçia.

Récompense, mekafât.

Reconnaître (quelqu'un), aref: — *il reconnaît*, iaref.

Reçu, ouçoul; *pl.* ouçoulat.

Reculer, oukheur.

Rédacteur, kateb; — *pl.* kouttab.

Réduire, noqqoçe.

Référer, aâredh.

Réfléchir (sur), tefekheur-fi.

Réflexion (pensée), fekheur; *pl.* afkar.

Reflux, gezeur.

Refroidir, abreud.

Refuser, rouddouh-khaïb.

Regard, nedheur; *pl.* andhar.

Regarder, tetella-elli.

Régence, niaba-el-melk.

Régent, naïb-seltan.

Régicide, quetel-melk.

Régie, tedbir-oukil.

Régiment, kerdouss; *pl.* keradiss.

Région, quetheur; *pl.* aquethar.

Régir (administrer), debbeur.

Registre, defteur; *pl.* defateur.

Règle (coutume), qanoun; *pl.* qouanïn.

Règlement, ameur; *pl.* aouameur.

Réglisse, soûs.

Regret (*déplaisir*), hassera *ou* asseuf.

Régulateur, mizan.

Régulier, mouakem *ou* medbout.

Rejoindre, haçeul *ou* alhaq.

Réjouissance, ferah ; *pl.* afrah.

Relâche (*terme de mer*), mourdah.

Relevailles, qïam *ou* nefsa.

Relieur, mougelled *ou* habbak.

Religion, dîn ; *pl.* adiàn.

Relique, dzekira ; *pl.* dzekaïr.

Remarque, tenbiha.

Rembourser, adfa ; — *il rembourse*, idfà.

Remède, douâ ; *pl.* adouïa.

Remener, regga ; — *il remène*, iregga.

Remercier, ochekar ; — *il remercie*, ichekeur.

Remercîment, chekràn.

Rémission, refrâne.

Rémouleur, senâu-sekakin.

Rempart, çour ; *pl.* açouar.

Remplir, mala ; — *il remplit*, imala.

Remuer, hârrek ; — *il remue*, iharrek.

Renard, abou-el-hácëïn *ou* tsaleb.

Rencontrer, làqa.

Renoncer, adda ; — *il renonce*, iadda.

Renouveler, geded.

Renouvellement, teguedid.

Renverser, qalleb ; — *il renverse*, iqalleb.

Renversement, anqaleb.

Repentir, nédem *ou* nedama.

Répéter, kerar ; — *il répète*, ikerar.

Réplique, gouab.

Répondre, rodd ; — *il répond*, irodd.

Répondant (*caution*), damen *ou* kefil.

Réponse, gouab.

Repos, sekoun.

Repos (*sommeil*), naim.

Représentant, oukil ; *pl.* oukela.

Répudiation, telaq.

Répudier, telleq ; — *il répudie*, itellaq.

Répulsion, rodd *ou* defaâ.

Requête, ard-hal.

Requin, kelb-bahar (1).

Résilier, fesseukh.

Résister, ahatemel.

Résolu, maïs.

Résolûment, bazem-chedid.

Respect, akram-touqir.

Respecter, kerrem-akerrem.

Respectueusement, ba-hateram.

Respirer (reprendre haleine), akhod-neffess.

Ressemblance, cheba.

Reste (le), baqa; *pl.* bouaqa.

Rétif, hâaroun.

Retourner, qalleb; — *il retourne,* iqalleb.

Rétrécir, diiq.

Retroussement, techemir.

Retrousser, chimmeur.

Réunir, gemâ.

Réunion, agtemaâ *ou* gemaïa.

Rêve, menâm.

Revenir, arga; — *il revient,* irga.

Riche, mal-rani; *pl.* arnia.

Rideau, setara; *pl.* setaïr.

Rien, lachi.

Rieur, dahouk.

Rire, dahak; — *Il rit,* idhak.

Risque, kheteur; *pl.* khateur.

Rive, chett; *pl.* chetouth.

Rivière, naher; *pl.* anhar.

Riz, rouz; *pl.* araz.

Rocher, çekheur; *pl.* çekhour.

Rognon, kiloua; *pl.* kelaoua.

Roi, seultân; *pl.* selatïn.

Roitelet, moulik.

Romain, Roumani.

Romance, queçida; *pl.* queçaïd.

Rome, Roumia.

Rompre, kesseur; — *il rompt,* ikesseur.

Rond, medoûcur.

Ronfler, chekkheur

Rosace, ourda.

Rose, ourdha.

Rosée, nedha.

Rosette (petite rose), ouridha.

Rosette (2) (ville), Rechid *ou* Rachid.

Rouge, ahmeur.

(1) Littéralement, chien de mer.

(2) Ainsi appelée parce qu'elle est le séjour des roses ; cette petite cité, éloignée d'Alexandrie d'environ douze heures, est bâtie au milieu d'un bouquet de verdure équatoriale qui rappelle

Rouler, d'haredge.

Route, dereub ; *pl.* deroub.

Rubis (pierre), iaquout-ahmeur.

Rue, zeqaq ; *pl.* zeqaqat.

Ruelle, dareub ; *pl.* douroub.

Ruine, kharab.

Ruisseau, saqia ; *pl.* souaqi.

Ruse, hila.

Rusé, mekar.

Russe, Mous koubi.

Russie, blad-el-Mous koub.

S

Sabbat, sebett.

Sable, ramleh (1) ; *pl.* r'mal.

Sableux, meremmel.

Sabot, queubqat ; *pl.* quebaqib.

la végétation du Brésil. L'espace qui sépare ces deux villes est un vrai désert, ce qui l'empêche d'écouler ses nombreux produits et d'avoir le rang qu'elle devrait occuper en Egypte. S. A. Ismaïl Pacha, sans cesse préoccupé de l'avenir et du progrès du pays qu'il gouverne, a si bien compris cette lacune qu'il vient de la combler en décrétant une ligne de chemin de fer d'Alexandrie à Rosette. L'exécution est confiée à une maison de banque dont le nom seul suffit pour en assurer les résultats.

Espérons que d'ici à deux ans les négociants alexandrins iront se reposer de leurs fatigues à Rosette, et qu'Alexandrie aura son Fontenay-aux-Roses comme Paris a le sien.

(1) Ce nom est aussi celui d'une petite ville bâtie entre la mer et le canal de Mahmoudieh, et habitée par les riches négociants alexandrins presque tous Européens, et qu'on pourrait prendre à la rigueur pour un faubourg d'Alexandrie. Les maisons sont écartées les unes des autres et bien bâties pour la plupart. On y trouve un hôtel presque confortable, mais très-cher, voire même une salle de danse. Un chemin de fer relie les deux cités.

Sabre, sif; *pl.* siouf.	*Sale*, ouseukh *ou* mouseukh.
Sac, kiss; *pl.* akiass.	*Salement*, bousaka.
Sacrifice, khesara; *pl.* khesaïr.	*Salive*, riq *ou* bezaq.
Sage, aqeul.	*Salle*, diôuân.
Sage-femme, daïa *ou* qabla; *pl.* qeuabel.	*Salon*, maqad *ou* bit-qaoud.
Saignée, feçada.	*Salpêtre*, mel-el-baroud (1) *ou* boureuq.
Saigner, feçed; — *il saigne*, ifçoud.	*Salsepareille*, sebarina.
	Salsifis, qaboul.
Sain, selim *ou* salem.	*Salubrité*, slama.
Saison, feçoul; *pl.* feçoul.	*Salut*, selâm (2).
Salade, seulta *ou* selata.	*Samedi*, ioum-el-sebt.

La population de toute couleur s'y porte, le dimanche, pour y passer la journée et se reposer des travaux de la semaine, ce qui en fait un peu le bois de Boulogne d'Alexandrie. Une seule chose aurait fini par manquer à Ramleh, vu l'accroissement de la population : c'est l'eau douce. Son Altesse Ismaïl-Pacha, aussi préoccupé du bien-être des étrangers que de celui des Egyptiens, vient de décréter qu'une prise d'eau serait établie au canal Mahmoudieh, pour conduire les eaux du Nil au milieu de la charmante cité. Une Compagnie, à la tête de laquelle se trouve l'élite du commerce égypto-européen, vient de s'organiser et ne tardera pas à faire exécuter les premiers travaux.

(1) Littéralement sel de poudre.

(2) Les Musulmans se saluent entre eux par ces mots : *Salam-alik*, — la paix sur toi; — le salué répond par : *Alik-salam*, — sur toi la paix. Ces formules changent lorsqu'elles s'adressent à des juifs ou à des chrétiens. Ainsi *Çabah-el-kheir*, — bonjour. — *N'aharek-saïd*, — ton jour soit bon. — *N'aharek-abiad*, — que ta journée soit blanche, sont les expressions dont les Musulmans se servent vis-à-vis les étrangers qui ne sont pas de leur religion. Tout cela pour éviter le mot salam, qui veut dire paix, dont les vrais croyants seront seuls admis à jouir dans le paradis.

Sang, dem *ou* dama.
Sang-froid, rouaqa.
Sangle, hazam ; *pl.* houzoum.
Sangsue, eulqa ; *pl.* eûloq.
Sans, balèche.
Santé, çahha *ou* aâfiâ.
Saphir, iaqoute-azroq.
Sapin, tenoub.
Sardine, seurdina *ou* fesîh.
Satan, eblis *ou* chîtâne.
Saturne, zouhal.
Sauce, meurqa.
Sauf-conduit, amane.
Saule, çefçafe.
Saumon, hout-seliman.
Saut, nott.
Sauter, nott ; — *il saute,* inoût.
Sauterelle, guerada ; *pl.* guerad.
Sauvage (sans lois), mestouache.
Savant, allem ; *pl.* alemma.
Savetier, meurqa-çerem *ou* sekif.
Savoir, aref ; — *il sait,* iaref.
Savon, çaboûn.
Savonnerie, mamel-çaboûn.
Scabreux, çab *ou* kheteur.
Sceptre, qadib-melk.
Scie, meunchar.

Scier, mecheur.
Scorpion, àqeurha ; *pl.* aqreub.
Scorbut, fesad-dem.
Seau (en cuivre), setel ; *pl.* setoul.
Sécher, auecheuf ; — *il sèche,* inechef.
Séchoir, mencheur.
Second, tsani.
Secouer, nafad ; — *il secoue,* infoud.
Secourir, asaf, aàn *ou* aâoûn.
Secours, maouna *ou* mesada.
Secret, seur ; *pl.* asrar.
Secrétaire (meuble), mekteb.
Secrétaire (d'un supérieur), kateb-seur ; *pl.* kouttab.
Seigneur, sid ; *pl.* sadat.
Seigneurie, siada.
Sein (mamelles), néhed ; *pl.* néhoud.
Sel, mèlh.
Selle, sèrg ; *pl.* séroug.
Sellier, serrougi ; *pl.* serrah.
Semaine, gemaâ ; *pl.* gemâ.
Semelle, nal ; *pl.* anaâl.
Semence, bezeur ; *pl.* bezour.
Semer, zera ; — *il sème,* ierza.
Sens (faculté), has ; *pl.* haouas.
Sens (signification), mânâ.

Sentence (arrêt), hakem.

Sentier, sebil; *pl.* sebel.

Sentinelle, hareuss; *pl.* harrass.

Sentir, chem; — *il sent*, ichoûm.

Sentir (éprouver), heuss; — *il sent*, iheuss.

Séparer, ferraq; — *il sépare*, iferraq.

Septante, sebaïne.

Septembre, aïloul.

Sépulcre, qebeur; *pl.* qebour.

Sépulture, meqbra *ou* medfeun.

Sérail (palais en général), seraïa; *pl.* seraïat.

Sérieux, ouqour.

Seringue, tromba.

Serment, imin; *pl.* iminat.

Serpent, tsabâu; *pl.* tsabïn.

Serrure, kiloune; *pl.* koualine.

Serrurier, haddad; *pl.* haddadine.

Servante, agira; *pl.* gouar.

Servant (domestique), khadem; *pl.* khoudam.

Serviette, foutha *ou* maharma; *pl.* mhaârem.

Servitude, aboudia.

Seul, houahed.

Seulement, bess *ou* fagoth.

Sévère, çab *ou* chedid *ou* çarem.

Sevrer, f'thomm.

Si, azekân *ou* inkân.

Sicile, Sicilia.

Siége (chaise), kursi.

Siffler, çafar; — *il siffle*, içfer.

Sifflet, çeffara.

Signalement, imara.

Signal, achara.

Signalé, mehhour,

Simple, mefrad.

Sinaï, gebel-Sina.

Sincère, çadiq.

Singe, qerd; *pl.* qeroud.

Sinistre, mechoune.

Sirène, amera-feltana.

Sirop, cherab; *pl.* acherba.

Sitôt que, and-ma.

Situation, moudha.

Sixième, sadess.

Smyrne, Izmir.

Société (association), cheurka.

Socle, bestha.

Sœur, akht; *pl.* akhouat.

Soie, harir.

Soif, atèche.

Soin, dirân-bal.

Soir, mesa *ou* el-âcha.

Soit, ikoûn.

Soixante, settine.

Soixante-dix, s'baïne.

Soldat, askeur; *pl.* asakeur.

Soleil, chimms.

Soleil (*fleur*), douoûar-el-chimms.

Solennel, adim.

Solitude, khouloua *ou* anfrad.

Somme, gumle.

Somme (*sommeil*), noûm *ou* nomma.

Sommeil, noûm.

Sommet, râs; *pl.* rouôus.

Son (*provenant du blé*), nokhala.

Songe, halem; *pl.* haàlam.

Sonna (1) (*recueil de traditions religieuses*), el-sonna.

Sonnette, gereus; *pl.* agrass.

Sorbet, cherbett.

Sorcier, sahar; *pl.* shara.

Sortir, tela; — *il sort*, itela.

Sot, behim *ou* hameuq.

Souche, guederr.

Soucoupe, tebsi.

Soudainement, ala-rofla.

Souffle, nefeuss.

Souffler, nafah.

Souffler, n'fokh.

Soufflet (*injure*), keuf; *pl.* kefouf.

Souffrance, meqasaâ.

Soufre, kebritt.

Soûl (*ivre*), chebaàn *ou* sekrân.

Soulier, merkoub; *pl.* merakib.

Souligner, okhot-tahat.

Soumis, metïa.

Soumission, kheçoua *ou* thaà.

---

(1) Les Musulmans sont obligés de se conformer rigoureusement aux prescriptions que renferme le Coran, appelé par eux : Livre de Dieu. Mais dans un très-grand nombre de cas, ils ont recours à la Sonna, où se trouvent différents recueils admis par les Docteurs sous le nom de : Hadits, qui veut dire traditions, recueillies par ceux mêmes qui ont fréquenté Mahomet.

La Sonna ou règle traditionnelle n'est pas rigoureusement obligatoire pour la foi, elle est seulement recommandée; tandis que le Coran est la loi *divine révélée*, et nul croyant ne doit manquer à ses prescriptions s'il est dans l'*intention* de faire son salut.

Soupape, louleub.

Soupçon, chek *ou* chebhâ.

Soupçonneux, dennân.

Soupe, chourba.

Soupé, achâ.

Soupente, metmoura.

Souper, ta'acha ; — *il soupe*, ita'cha.

Soupir, tenheud *ou* hasera.

Soupirail, mânour *ou* menfess.

Soupirant (amant), âcheuq ; *pl.* achaq.

Souple, mesaïr-ameled.

Souplement, belïau.

Souplesse, mesaïra.

Source (d'eau) rass-el-aïn.

Sourcil, haged ; *pl.* haouageb.

Sourd, atrâche ; *pl.* teurchân.

Souricière, mecida.

Sourire, tebessem.

Sous (préposition), tahatt.

Sous-entendu, tequedir-admar.

Souterrain, serdab ; *pl.* seradïb.

Souvenir, fekeur ; *pl.* afkar.

Souvent, amrar-khetsira.

Soyeux, naâm-kelharir.

Spacieux, ouasa *ou* rahib.

Spécial, kheçouci.

Spécialement, kheçoucia.

Sphinx, abou-el-houl.

Splendeur, dhïa.

Station, hatta.

Statue, çenem ; *pl.* açnam.

Stature, qama.

Stérile, aâqeur *ou* âqîm.

Store, seteur ; *pl.* setour.

Structure, terkib.

Studieux, metala.

Stupéfait, medhoul *ou* medouche.

Stupide, blid.

Stylet, khangar ; *pl.* khanhageur.

Suaire, kefen ; *pl.* akfân.

Sucre, sekkeur.

Sucrier, sekkeuria.

Sud, genoub-quebli.

Suer, âreuq ; — *il sue*, ïâreuq.

Suffisant, bes *ou* ikefi.

Suffocant, mefetteuss.

Suicide, qatel-nefsou.

Suie, habab.

Suif, chema *ou* déhenn.

Suivre, teba ; — *il suit*, itebâa.

Superbe, fakheur-adïm.

Superflu, zaïd.

Superfluité, zïada.

Supériorité, rïassa.

Suppléer, kemmel.

Sur (préposition), fok *ou* ala.

Sûr (vrai), aqïq *ou* akid.

Surcharge, zïada-hamel.

Sûreté (caution), demana.

Surnom, kounia.

Surpris (étonné), medouche *ou* metahir.

Surprise, kebsa.

Surveillance, harasa.

Surveillant, haras ; *pl.* harrass.

Susdit, medz-kour.

Synagogue, mhafeul-ïoud.

Syrie, Blad-el-Châm.

Syrien, Chami.

T

Tabac, doukhân.

Tabac (à priser), nechouq-zâout.

Tabatière, albët-el-nechouq.

Table, sôuffra.

Tableau (peinture), çoura ; *pl.* çouar.

Tablier, mahzem.

Tache, beqaâ.

Tâcher (s'efforcer), agtched ; — *il tâche*, igtehed.

Tacheté, meurqott.

Tailleur, khïatt.

Taillis (jeune bois), chegeur-gedid.

Taire, sekett.

Talent, kefaïa.

Talisman, telsem ; *pl.* telasem.

Talon, kâb ; *pl.* akaâb.

Talus, hadour *ou* mïl.

Tamarin, tameur.

Tambour, tebel ; *pl.* teboul.

Tambourin, darebekka.

Tamis, menkhel ; *pl.* menakhel.

Tant, hal-qad.

Tant pis (adv.), ïa-khesara.

Tantôt, an-querir.

Tapage, chemata *ou* chouchra.

Tapis, b'sâth; *pl.* b'sathat.
Tard (*il est*), el ouoqt rah.
Tas, koûm; *pl.* kimân.
Tasse, fingàn; *pl.* fenagin.
Tatouer, doqq; — *il tatoue*, idoqq.
Tatoué, medôuq.
Taureau, tsôr; *pl.* atsouar.
Teindre, çébor; — *il teint*, içebor.
Teinture, çebara.
Teinturier, çebbar.
Tel (*un*), flâne; *féminin*, felâna.
Télégraphe, achâra.
Télescope, neddara *ou* dourbïn.
Témoin, chahed; *pl.* chehoud.
Témoignage, chehada.
Tempérament, mezagi.
Tempête, fcurtouna.
Temple, hikel; *pl.* iakeul.
Temps, zemân; *pl.* azmân.
Tendre (*délicat*), nhaïf.
Tenir, m'sek; — *il tient*, im'sek.
Tente, kheraïma; *pl.* khraiam.
Terme, hadd; *pl.* hadoud.
Terminer, kemmel; — *il termine*, ikemmel.

Terrasse, setah; *pl.* setouh.
Terre, ardh.
Terreur, boùl; *pl.* aboual.
Testament, oucia.
Tête, râs; *pl.* râuoûs.
Téter, arda.
Thé, tsçây.
Théâtre, maleub; *pl.* melaâb.
Thémis, el-Adel.
Thermes (*bains*), hammân; *pl.* hammamat.
Thon (*poisson*), semek-haout.
Tiède, dafi *ou* fateur.
Tigre, nemeur; *pl.* nemoura.
Tilleul, zizfoûn.
Timbre, àlama *ou* nechâne.
Timide, khaouf *ou* khouïf *ou* khaïf.
Tir, tharir *ou* tenchine.
Tire-balle, beurma.
Tire-bouchon, beurma.
Tire-d'aile, teurfereuf.
Tire-ligne, qellem-testir.
Tirer, chedd; — *il tire*, ichedd.
Toi, enté.
Toile, qemache.
Toilette, zina.
Toit, setah; *pl*, setouh.
Tombe, meqbra; *pl.* meqabeur.

Tombeau, qebeur ; *pl.* qebour.

Tomber, ouqa ; — *il tombe*, iqa.

Tombereau, mezbla.

Tonne, denen ; *pl.* denan.

Tonneau, bermil ; *pl.* beramil.

Tonnelle, ariche.

Tonnelier, beramili.

Tonnerre, râ'âd ; *pl.* raoûd.

Topaze, iaqoute-asfeur.

Topographie, bilen-blad.

Torche, mechal ; *pl.* mecha'âl.

Torchon, charmouta *ou* kharraqa.

Tordre, berem ; — *il tord*, iberem.

Tordu, mabroûn.

Torpeur, khedeur.

Torrent, sil ; *pl.* sioul.

Tort (dommage), dereur ; *pl.* adrar.

Tortue, shalfa ; *pl.* shaâlef.

Tôt (adverbe), ala-ouoqt (1).

Total, gumla.

Totalement, kellïa.

Toujours, daïman *ou* ala-el-doûam.

Tour (circuit), doura-daïr.

Tour (terme de fortification), brùrg ; *pl.* abrag.

Tourment, addab.

Tourmenter, addeb ; — *il tourmente*, iaddeb.

Tourner, dar ; — *il tourne*, idaour.

Tourneur (au tour), khorroth.

Tourne-vis, barîmah.

Tourte (pâtisserie), felirâ ; *pl.* felir.

Tourterelle, iamamat ; *pl.* ïamân.

Tousser, saâl ; — *il tousse*, isaâl.

Tout, koûl.

Toux (la), s'aleh.

Trace, atser ; *pl.* atsar.

Tracer, resem ; — *il trace*, iresem.

Tradition, hadits *ou* rouaïa.

Traditionnellement, âlâ-el-rouaïa.

Traducteur, teurgemân.

Traduction, teurguemâ.

Traduire, tergam ; — *il tra-*

_____

(1) Littéralement, sur le moment.

duit, itergam ; *impér.*, ter-
gîm.

Trahir, khan ; — *il trahit*,
ikhan.

Trahison, khïâna.

Traire, iahalleb.

Trait (*flèche*), schem ; *pl.*
scham.

Trait (*ligne*), khotth ; *pl.* kho-
thouth.

Transmettre, noqqol ; — *il
transmet*, inoqqol.

Transmission, nequela.

Transparent, chefaf *ou* me-
cheuf.

Transpirer, araq ; — *il trans-
pire*, iaraq.

Travail, charail ; *pl.* ache-
roul.

Travers (*de*), belmequeloub-
béïn.

Trébucher, atsar ; — *il tré-
buche*, iatsar.

Traversin, mokhedda-ousada.

Trèfle, bercim.

Treille, ariche.

Treize, tslèta-achera.

Trembler, r'tad *ou* relasç.

Trente, tslètin.

Très, gedda *ou* quouï.

Trésor, khazna.

Tresse (*fil*), guedila ; *pl.* gue-
daïl.

Tresse (*de cheveux*), defira ;
pl. defaïr.

Tresser, defeur ; — *il tresse*,
idefeur.

Triangle, metsellets.

Tribunal, makema ; *pl.* mha-
kem.

Tribune, menbeur ; *pl.* mena-
beur.

Tripoli (*ville*), Darabelleus.

Triste, hazenn.

Tromper (*se*), r'loth.

Trop, ketsir, belzîada *ou* belzoud.

Trou, khercuq ; *pl.* kherouq.

Troué, mekherouq.

Trouer, arcap ; — *il troue*,
iarcuq.

Troupeau, fethïa ; *pl.* aftaâ.

Trouver, ouged ; — *il trouve*,
iged.

Truffes, kema *ou* teurfass.

Tube, qoçba ; *pl.* qoçcub.

Tuer, qetel ; — *il tue*, iqtoûl.

Tuf, haouâra.

Tuiles, qeremid ; *pl.* quera-
mid.

Tuilerie, touoûabâ.

Tuilier, touoûab.

Tulipe, senbel *ou* khezam.

Tunis (ville), Tounis.

Turban, amma ; *pl.* ammaïm.

Turquoise (pierre précieuse), firouza.

Typographe, tebâa.

Typographie, alem-tebaâ.

Tyr (ancienne capitale de la Phénicie), Medina çour.

Tyran, dalem.

Tyrannie, dellem.

U

Ukase, feurman.

Ultérieur, iati-bad.

Ultérieurement, men-bad.

Ultimatum, akher-kelam.

Un, une, ouahed, ouahda.

Uni, messaoui.

Uni (joint d'amitié), melhad.

Union (concorde), attefaq.

Union (mariage), zouâg.

Unique, ferid.

Uniquement, foqoth.

Univers, allem-denïa.

Universel, douïani.

Urgent, lazem *ou* mouzem.

Urine, boul.

Urne, qaroura.

Usage, matad *ou* tertib.

Usé, rapé ou qadûn.

Ustensile, maaoûn ; *pl.* mouaïn.

Usure, r'bà-faïd.

Utile, nafâ-mefid.

Utilement, benfàa.

Utilité, afàdà.

Utopie, khial *ou* fekeur-bateul.

V

Va (pour : soit, j'y consens), redhit.

Vacant, fadi *ou* khali.

Vacation, agera.

Vaccin, guedri.

Vacciner, tam-el-guedri.

Vache, baqra.

Vagabond, dhalel.

Vague (lame d'eau), mouga ; *pl.* amouag.

Vaillamment, bechamma.

Vain (inutile), batthel.

Vaincu, merloub ; *pl.* merlou-bine.

Vainqueur, râleb ; *pl.* rale-bine.

Vaisseau, merkeb ; *pl.* mera-keb.

Vaisseau (de guerre), merkeb-béilik.

Vaisselle, çaoûne.

Valable, cheraï.

Valet (serviteur), kheddam ; *pl.* kheddamine.

Valetaille, kheddem.

Valeur (juste prix), qîma *ou* haqq.

Valeur (juste signification des termes), manâ.

Valeur (courage), meroua *ou* batèche.

Valide (sain), selim.

Valise (sac en cuir), gérab *ou* gemedân.

Vallée, ouadî ; *pl.* aou-dïa.

Valoir, saoua *ou* asoua.

Valse, reqça.

Vampire, meççaça.

Vanille, kherroub - blad - el - meriq.

Vanité, batel ; *pl.* abafil.

Vapeur (s.-f.), bekhar ; *pl.* ab-khra.

Vapeur (navire), merkeb-el-nar.

Variété, tenououa-techekil.

Vase (pour contenir des li-

quides), mâaoûn ; *pl.* mouâaïne.

Vase (*limon*), tïn.

Vasistas, khoukha.

Vassal, taba ; *pl.* atbaâ.

Vaste, ouasa *ou* mettsâ.

Vaurien, makouss ; *pl.* maâkiss.

Vautour, nèseurr ; *pl.* nesour.

Veau, agel ; *pl.* agoul.

Vedette, baress ; *pl.* barrass.

Végétal, nebat ; *pl.* nebalat.

Veiller, asherr ; — *il veille*, isherr.

Veine, areuq ; *pl.* arouq.

Vélin (*papier vélin*), oureuq-sada.

Velours, quetifa *ou* qadhifa.

Velu, azeubb *ou* mechâr.

Vendange, qetheuf-el-âneb.

Vendre, bâ ; — *il vend*, ibî.

Vendredi, ïoum-el-guemaâ.

Vénération, ahteram.

Vengeance, anteqamm.

Venin, semm ; *pl.* semoum.

Venir, gâ ; — *il vient*, igî ; — *imp.* taàli.

Venise, Benduq.

Vent, rihé.

Vente, bïa.

Ventouse, agâma ; *pl.* gamat.

Ventre, beteun ; *pl.* betoun.

Vénus (*planète*), zhera.

Ver, doud ; *pl.* didan.

Véracité, çedeuq.

Verbe, qal ; *pl.* aqaâl.

Verbeux, kétir-kelam.

Verdure, khedar *ou* khedara.

Verge, quedib ; *pl.* quedbân.

Verger (*lieu clos*), bestân.

Vergue, raga ; *pl.* rouaga.

Véritable, haqq *ou* haqiq.

Vérité, haqiqa.

Verjus, haçerem.

Vermicelle, châïria.

Vermifuge, nafa-el-doud.

Vermillon, selqoun *ou* loun-ahmeur.

Vermoulu, mesouss.

Verre, zougag *ou* quezaz.

Verre (*pour boire*), goubaïa.

Verrou, derbass.

Verrue, taloula.

Vers (*prép.*), nahou.

Vers (*assemblage de mots mesurés*), bitchar ; *pl.* abiatchar.

Verser (*de l'eau*), çabb ; — *il verse*, içabb.

Verset (*du koran*), aïa ; *pl.* aïat.

Vert, akhedeur ; *pl.* khedeur.

Vertu, fedila ; *pl.* fedaïl.

Vertueusement, befedel.

Vésicatoire, harraqa.

Vestibule, sqifa *ou* mandarah.

Vêtement, tsoub ; *pl.* tsïab.

Vétéran, atiq ; *pl.* ateqa.

Vétusté, quedem.

Veuf, armel ; *fém.* armela *ou* azib ; *fém.* asabah.

Viande, làhmà.

Vicaire, oukil ; *pl.* oukla.

Vice, aïb ; *pl.* aïoub.

Vice-amiral, naïb-àmir-el-bahar.

Vice-consul, naïb-qounçeul.

Vice-reine, amera-naïb-el-seultàn.

Vice-roi, naïb-el-seultàn *ou* éffendina.

Vicieux, maïoub *ou* mâouour.

Vicinal, megaoura.

Victime, queurban ; *pl.* qarabïn.

Victoire, naçeur *ou* naçera.

Victorieusement, mençoura.

Vidange, ouseuk ; *pl.* ouaseuk.

Vide, khelou *ou* fadi.

Vie, hïa *ou* aïcha *ou* amor.

Vieil (vieux), atiq ; *pl.* ataq quedim.

Vieillard, chikh ; *pl.* chioukh.

Vierge, bekeur ; *pl.* abkar.

Vif (actif), harrek *ou* betrâne.

Vif-argent, zibeuq.

Vigie, natour.

Vigne, kerem ; *pl.* keroum-dalia.

Vil (chose), aqir.

Vil (homme), lïm ; *pl.* lïam.

Vilenie, ouseuk ; *pl.* ouaseuk.

Vilain, fahache.

Village, qarïah ; *pl.* qora.

Villageois, fellah.

Ville, béled ; *pl.* bélad.

Villette, béled-çouaïra.

Vin, khémeur *ou* charab-nebid.

Vinaigre, khall.

Vindicatif, haqoud.

Vingt, achrine.

Violent, chedid ; *pl.* chedad.

Violet, menouïche.

Vipère, afaïh.

Vis-à-vis, qoddame.

Visage, ouche ; *pl.* ouchouche.

Vision, nedheur *ou* rouïa.

Visir, ouzir ; *pl.* ouzra.

Visite, zïara.

Visiter, zar ; — *il visite,* izour.

Visiteur, kechaf.

Vite, belagel *ou* qoûam.

Vitriol, zag-gaz.

Vivant, haïche *ou* haï.

Vive-la-joie (subs.), betrâne.

Vivement (adv.), bechedda.

Vivre, aâche.

Vivre (subs.), qout *ou* aïche *ou* zououanah.

Vocalement, bel-çout.

Voici, ada-aouda.

Voie (chemin), triq ; *pl.* treuq.

Voilà, ahoh.

Voile (d'un navire), qelâ ; *pl.* qeloua *ou* quemache.

Voile (que portent les femmes égyptiennes), beurqa ; *pl.* beraqa.

Voir, chaf ; — *il voit,* ichouf.

Voisin (qui est proche), qerîb *ou* megaour.

Voisin (qui loge près d'un autre), gâr ; *pl.* girân.

Voiture, arabïah.

Voix, çout ; *pl.* açouat *ou* heuss.

Vol (dérober), haram *ou* serqa.

Vol (mouvement des ailes), tirân.

Voler (dérober), serap ; — *il vole,* israq.

Voleur, harami ; *pl.* haramia.

Volière, béit tiour.

Volonté, arada *ou* merad.

Vomir, tarèche ; — *il vomit,* itrèche.

Vomitif, meterrèche.

Votre, koûm.

Vouloir, arad ; — *il veut,* irid (*plus vulgairement* aouziaauz).

Vous, antaum.

Voûte, qebouâ ; *pl.* qebeub.

Voyage, sefeur ; *pl.* asfar.

Voyager, safeur ; — *il voyage,* isafeur.

Voyageur, m'safeur ; *pl.* seffar.

Vrai (véritable), c'hih.

Vraiment, bel-haqiqa.

Vrille, berrima.

Vue (faculté de voir), el-baçeur.

Vulgaire, âoum.

Y

Yacht (petit navire), maàche. | *Yeux*, aïn ; *pl.* aïoun.

Z

Zèbre, zereud.

Zéphir, nesim, rich, çebâ, ze-
rox, sefeur.

Zeste, qechir-limoûn.

Zibeline, semmour.

Zoologie, marfâ-el-haïouân.

MOIS DE L'ANNÉE.

Janvier.	Chaban.
Février.	Ramadan.
Mars.	Chaouval.
Avril.	Zilcadéh.
Mai.	Zilbideh.
Juin.	Moharrem.
Juillet.	Safar.
Août.	Rabi-el-aouel.
Septembre.	Rabi-el-sani.
Octobre.	Gemad-el-aouel.
Novembre.	Gemad-el-sani.
Décembre.	Raghab.

JOURS DE LA SEMAINE.

Aïam-el-gemaâ.

Dimanche.	ïoum-el-had.
Lundi.	ïoum-el-etneine.
Mardi.	ïoum-el-talat.
Mercredi.	ïoum-el-arbaâ.
Jeudi.	ïoum-el-khamis.
Vendredi.	ïoum-el-gomaâ.
Samedi.	ïoum-el-sebt.

PHRASÉOLOGIE

DIALOGUES

Pour saluer et faire les compliments d'usage.

Bonjour, Monsieur.	Sabah el-khrair ia sidi.
Il y a longtemps que je ne vous ai vu.	Zaman ma choufta chi.
Comment vous portez-vous?	Kef halak.
Bien, grâce à Dieu.	Taïb lillahilhamd.
Je suis charmé de vous trouver en bonne santé.	El hamd lillah ala salamtak.
La chaleur m'étouffe.	El har idaïgni.
Votre jour soit heureux.	Naharek saïd.
Je vous baise les mains.	Nakabil el idek.
Que Dieu te bénisse.	Allah irda annak.
Avez-vous bien dormi, cette nuit?	Mint taïb imbarih
Non, j'ai fait un mauvais rêve.	Ana chouft manam battal.

J'ai mal à la tête.

Rassi bitiogani.

Votre père est souffrant ?

Abouk ayan ?

Que Dieu le guérisse !

Allah iecbfik.

Que Dieu le délivre du mauvais œil.

Allah iéhmih min el ên.

Que Dieu veille sur vous !

Raâka Allah.

Que Dieu vous pardonne !

Samahaka Allah.

Adieu, portez-vous bien.

Fi amân illah.

Voulez-vous accepter le café ?

Agib lek cahoua ?

Non, pas maintenant ; plus tard.

La mouehe deluocti, kaman chouaya.

Phrases banales
que les Egyptiens emploient entre eux.

Vous partez, mais votre cœur nous reste.

Safer lakin kalli, galbak andna.

En vous quittant, j'emporte votre cœur.

Ana mossafir ouegalbak andi.

Que votre jour soit blanc, et la prière sur le Prophète !

Naharak abiad bissala annabi.

Prier, demander ou offrir.

Voulez-vous m'accorder cette faveur ?	Timilche maârouf ?
Je vous jure que je ne l'oublierai jamais.	Ano ahliftak inni ma ansah abadan.
Ne refusez pas ma demande.	La timnâa talabi.
Acceptez de ma main cet anneau pour que vous puissiez vous souvenir de moi à chaque instant.	Igbal min idi haza, el kalim lagli tiftikirni daïm an ouoct abadan.
De tout mon cœur je vous l'offre.	Ana addik lak ân galb safi.
Si vous me refusez, vous me ferez beaucoup de peine.	Iza lam tigbalou baden tizini.
Cela est-il vrai ?	Dougri ?
Savez-vous cela ?	Enta aref dab aid ?
Venez à mon secours.	Saïdni.

Pour marquer la joie, la douleur, l'étonnement,
l'espérance et le désespoir.

Je suis charmé de cela.	Ana mabsout minda.
Je suis très-content.	Ana mabsout kitir.
Quelle joie !	Ma ahla.

Quel bonheur !	Ma asaâd.
Je suis malheureux.	Ana saï el bakt.
Je suis chagrin.	Ana magmoun.
Il y a de quoi devenir fou.	Da chi igannin.
Cette chose est de toute beauté.	Haza gamil caoui.
Plus je la vois, et plus je l'aime.	Koul ma achoufou ahebbou.
C'est étonnant.	Da chi garib.
C'est merveilleux.	Da chi aguib.
S'il plaît à Dieu.	In cha Allah.

De l'heure.

Avez-vous une montre ?	Maàk saâ ?
Oui, j'en ai une.	Aioua.
Quelle heure est-il ?	El saâ kam ?
Il est une heure.	El saâ ouada.
Il n'est pas tard.	Mouche oikri.

Pour consentir, refuser, s'excuser et remercier.

J'y consens.	Ana assalim.
Volontiers, de tout mon cœur.	Hadir bigalb safi.
La chose est facile.	Da chi sahil.

Je suis complétement à votre service.	An taht kidmital.
Disposez entièrement de mes services.	Kaddimini żaï ma trid.
Je suis heureux de pouvoir vous être agréable.	Iza àgabtak acir saïd.
Cela est impossible.	Da gair nomkin.
Cela ne dépend pas de moi.	Haza la iakouceni.
Une autre fois, s'il plaît à Dieu.	Marra tania ni cha Allah.
Ce moment n'est pas favorable.	Haza el ouôct less maussaïde.

Le réveil.

Qui frappe à la porte ?	Mine ?
Ouvrez la porte.	Iftah el bad.
Comment ! vous dormez encore à cette heure ?	Kabar-eh ? enta lissa naïm ?
Il est temps de vous lever.	Isha baga.
Quelle heure est-il ?	Issaâ kâm ?
Contre mon habitude, je suis paresseux aujourd'hui.	Da bekilaf aâtti, ana kaslân el ïoum.
Je n'ai pas bien dormi.	Mamaim tich kifaïa.
Je me suis couché très-tard.	Ana nimt oikri.
Quand vous êtes venu, je dormais d'un profond sommeil.	Inta gït, ana fi iz el *nôm*.

J'ai de la peine à me lever.	Manich kâdir akoum.
Passez dans la chambre à côté, je vais me lever.	Kouch fi loda dika *a la* mâ agoum.

Pour déjeuner.

Voulez-vous déjeuner avec moi?	Tirid teftar maïa?
Volontiers, pour vous tenir compagnie.	Taïb bagli kamân aoannissak.
Vous ne mangez pas?	Enta ma bitakoul?
C'est que je ne mange qu'à midi.	Ana adatan ma akoul illa el dehour.
Vous êtes donc malade?	Iebka mal enta aïyân!
Non, mais le café que j'ai bu en me levant m'empêche de manger.	La, innamâ el gaoua illi cheribtaha saddit nifsi.
On boit toujours de l'excellent café, chez vous.	Andoukoum icâmelou gaouâ taïb.
Où l'achetez-vous?	Fëïn techeri.
C'est du café qui me vient de Moka.	Beguini dougri min Moka.
Je mange beaucoup plus que vous.	Ana bakoul actar minnak.
Garçon, servez du chocolat à Monsieur.	Ia oled iddi chocolata lissidak.
Apportez le sucre, le beurre et des petites cuillères.	Hat el soukkar, el zeubda, el maâlig.

Votre chocolat est très-bon.	Chocolattak taïb.
En voulez-vous encore ?	Takhoud kamân.
J'en ai assez pris.	Iekfi.
Il est tard, il nous faut partir.	El ouoct rah, ïalla bina.

Pour dîner.

Quel heureux hasard, nous dînerons ensemble.	Ahlan ou sahlân lazem na-koûl saoâ-saoâ.
Venez dîner avec moi, si vous n'avez pas d'invitation.	Tââla naoul saôï in kount fadi.
Négresse ! le dîner est-il prêt ?	Ia beut-el akll hadir ?
Ces messieurs peuvent se mettre à table, le dîner est servi.	It faddalou el akll hadir.
Le dîner n'est pas splendide.	El akll mouch oila.
Ce qu'il y a est suffisant.	El maôgoud ikaffi.
Donnez-vous la peine de vous asseoir.	Itfaddal iglis.
Voilà de la viande délicieuse.	Chouf di lahma koïssah.
Vous buvez du vin ou de la bière ?	Techrab bouza ou le nibit.
Je préfère le vin.	Ana achrab nibit.
Monsieur, je bois à votre santé.	Mahabba effendim.

Négresse ! apporte le rôti et la salade.	Ia hatti el kabah ou elbent salata.
Ce poulet est excellent.	El farka di latifa.
Aimez-vous la salade ?	T'ahib el salata.
Je regrette de vous avoir offert un aussi mauvais dîner.	Matakiznich el akll deh mouch nûn magamak.

TABLE DES MATIÈRES.

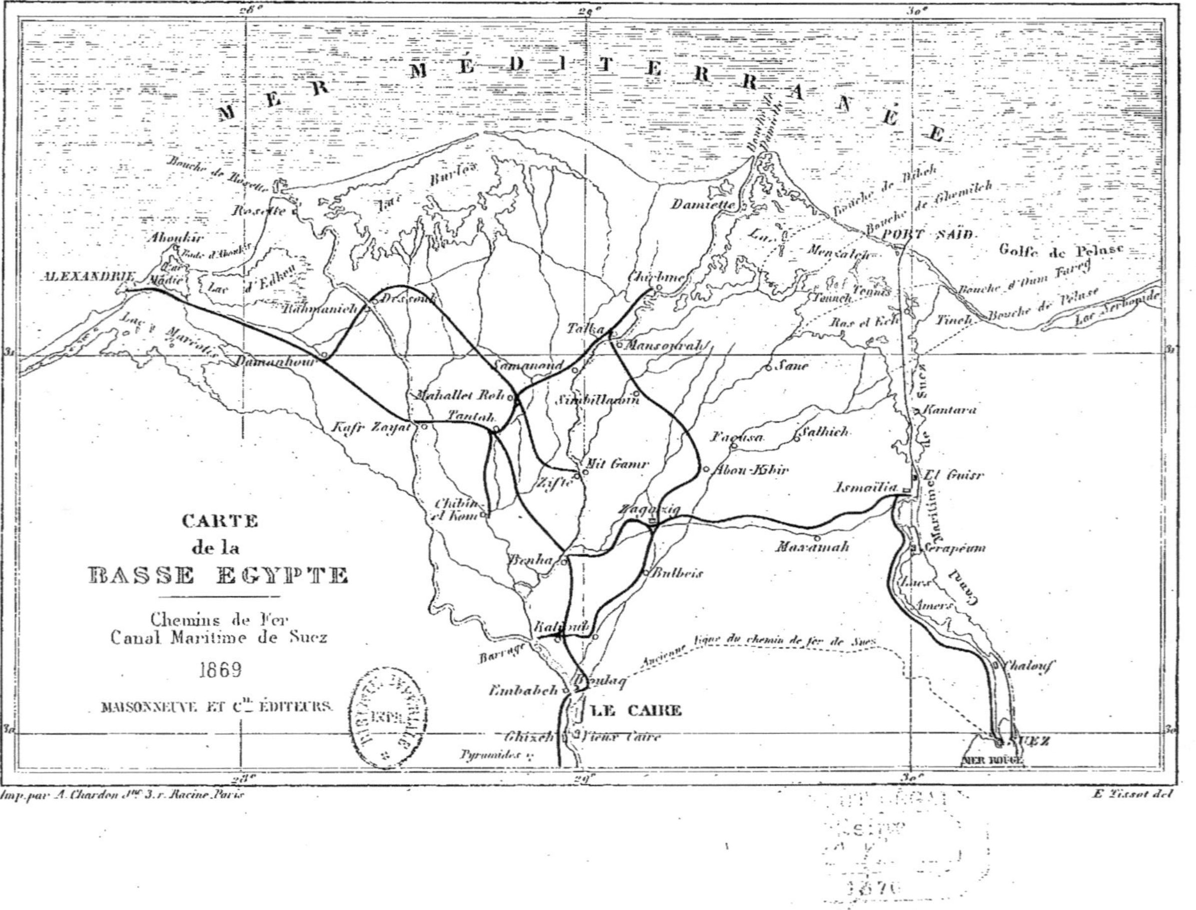

MER MÉDITERRANÉE
26°
29°
30°
Bouche de Rosette
Lac Burlos
Damiette
Bouche de Dibeh
Bouche de Ghemileh
Rosette
Lac Menzaleh
PORT-SAÏD
Golfe de Pelase
Aboukir
Rade d'Aboukir
ALEXANDRIE
Madie
Lac d'Edkou
Chirbine
Tennch Tennis
Bouche d'Oum Fareg
Bouche de Pelase
Lac Serbonide
Lahmanieh
Desouk
Ras el Ech
Tineh
Lac Marootis
Damanhour
Talka
Mansourah
Sane
Lac Suez
31°
Samanoud
Kafr Zayat
Mahallet Roh
Tantah
Sinbillaoin
Kantara
Faouça
Salhieh
Mit Gamr
Abou-Kbir
Ismaïlia
El Guisr
Chibin el Kom
Zifté
Zagazig
Maxamah
CARTE
de la
BASSE EGYPTE
Benha
Bulbeis
Canal Maritime
Serapéum
Lacs Amers
Chemins de Fer
Canal Maritime de Suez
1869
Kaliub
Ancienne ligne du chemin de fer de Suez
Barrage
Chalouf
MAISONNEUVE ET Cie ÉDITEURS
Embabeh
Boulaq
LE CAIRE
Ghizeh
Vieux Caire
Pyramides
30°
SUEZ
MER ROUGE
Imp. par A. Chardon Jne 3, r. Racine Paris
E. Tissot del

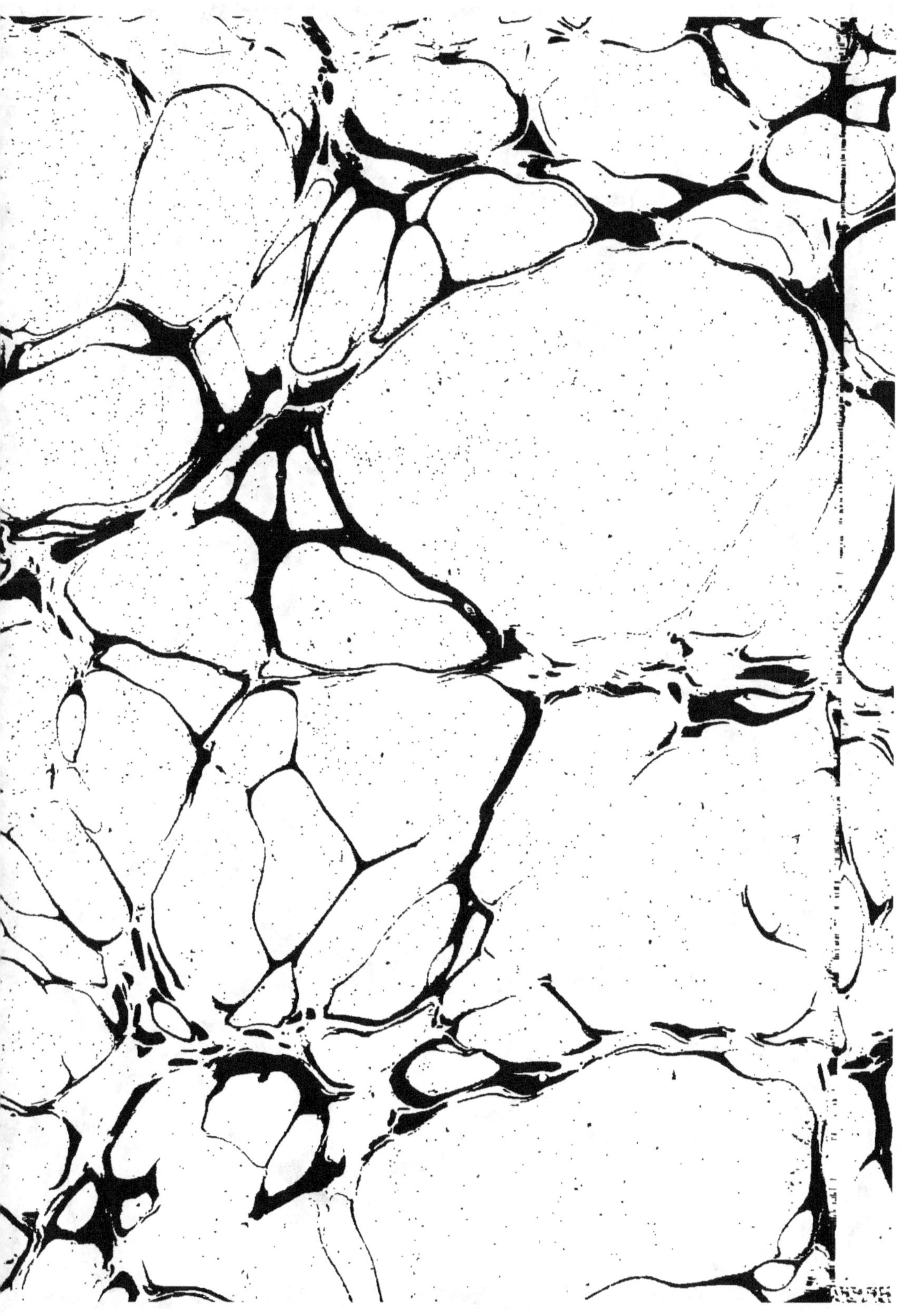

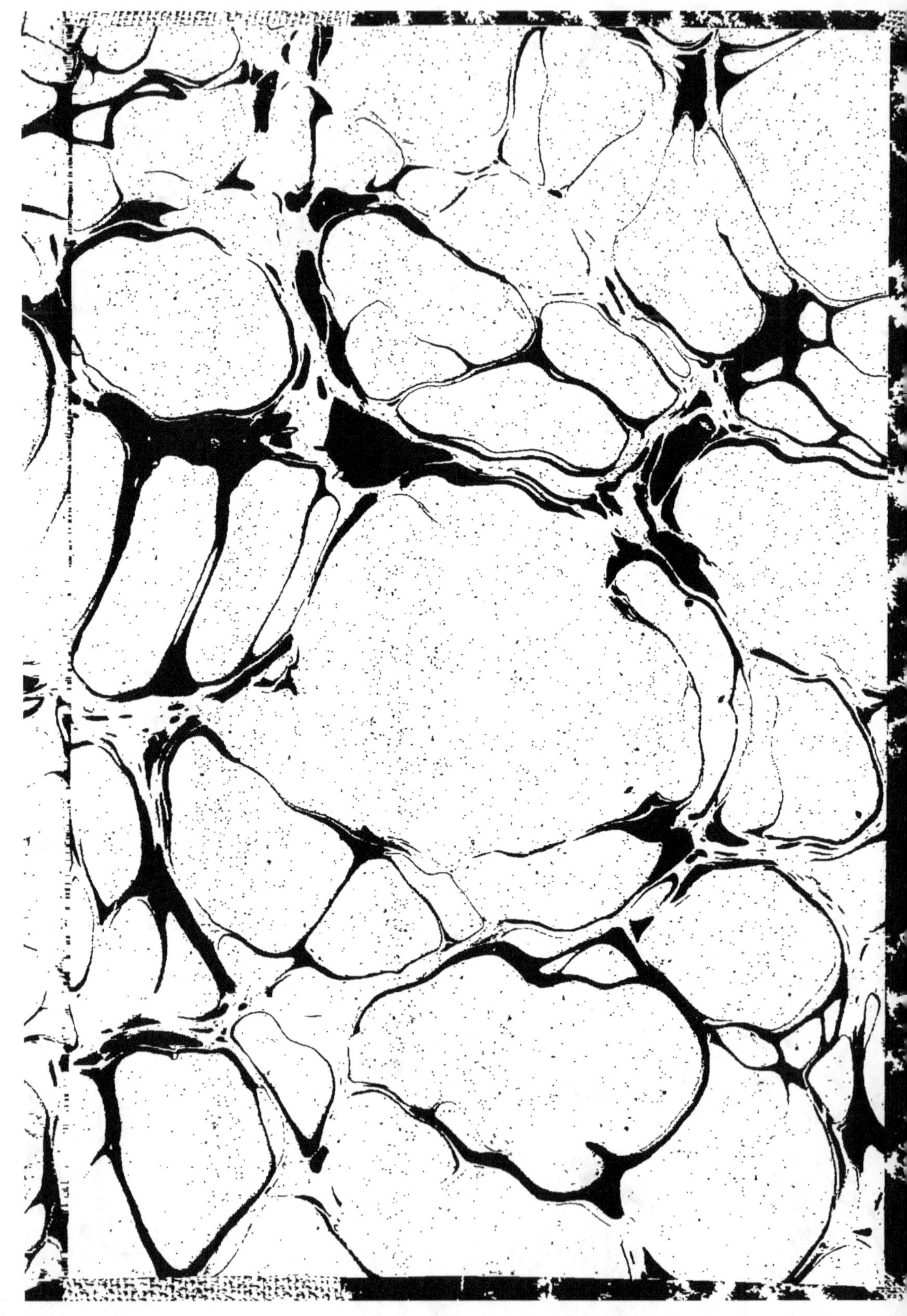

BIBLIOTHEQUE NATIONALE DE FRANCE
3 7531 00782081 5